スーフィズムとは何か

イスラーム神秘主義の修行道

山本直輝
Yamamoto Naoki

a pilot of wisdom

目次

ما هو التصوف

20世紀初頭、イスタンブールのスーフィーたち。
師匠の指導下、笛（ネイ）に合わせ旋回舞踏（セマー）の稽古をしている様子
写真：アフロ

第八章　修行者の心構え
――ナクシュバンディー教団「十一の言葉」――

『内観の法学（フィクフ・バーティン）』
第一の心得「呼吸における知覚（フーシュ・ダル・ダム）」
第二の心得「足元への視線（ナザル・バル・カダム）」
第三の心得「自国での旅（サファル・ダル・ヴァタン）」
第四の心得「集団の中での隠遁（ハルヴァト・ダル・アンジュマン）」
第五の心得「回想（ヤード・キャルド）」
第六の心得「回帰（バーズ・ギャシュト）」
第七の心得「注意（ニギャー・ダーシュト）」
第八の心得「追憶（ヤード・ダーシュト）」
第九の心得「時の知覚（ヴクーフィ・ザマーニー）」
第十の心得「数の知覚（ヴクーフィ・アダディー）」
第十一の心得「心の知覚（ヴクーフィ・カルビー）」

序章

イスラーム神秘主義とは何か？

ما هو التصوف؟

人心これ危うく、道心これ微《かす》かなり。
名師を訪ね、護衛を求めなさい。そして玄《くろ》き門をくぐり真機を得るのです。
劉智《りゅうち》『五更月《ごこうげつ》』（一七―一八世紀中国のイスラーム学者の神秘詩）

マンガとスーフィズム

日本人にとってイスラームは、なかなかとっつきやすいものではない。日本とムスリム（イスラーム教徒）諸国の交流の歴史は浅く、メディアで取り上げられる「イスラーム像」は中東諸国でのテロリズムや過激派と関係したものがほとんどで、映し出される映像は黒い覆面をした男やターバンを被《かぶ》って髭《ひげ》を蓄えた屈強な男がアラビア語で叫んでいるおそろし気な姿である。

しかし一方で、ムスリム諸国からの訪日観光客は年々増え続けており、日本で暮らしているムスリムは二十万人を超えるといわれている。「ハラール食品」など、ムスリムの生活に関する話題もよく聞こえるようになった。過去には、どこか遠くの国から来た近寄りがたい他者でしかなかったムスリムは、今や私たちのとなりで生活している。世界的にも中東や南アジア、東南アジアだけでなく、ヨーロッパやアメリカでもムスリム人口は増え続けている。最近のイギリスの報道では、二〇二一年のイギリス国内で出生した新生児の内、最も多い名前は「ムハンマド」だったそうだ。イスラームを理解することは、もはや世界の動向を理解することと言っても過言ではない。

一方で、ムスリム諸国にとって日本はどう映っているのだろうか。中東やトルコ、南アジアは日本から地理的に遠いこともあり、大体は「日本人はみんな機械に詳しい、ハイテク社会で暮らしている」くらいの漠然とした偏見に覆われたイメージしかないのだが、あちらの若者の間でとてもよく知られている日本文化がある。マンガとそれを原作としたアニメである。筆者は現在トルコの大学でイスラーム学を専攻する学生たちの前で講義を行っているのだが、休み時間に学生と日本の話題になると必ずマンガとアニメの話が出る。『キャプテン翼』は言わずもがな、『美少女戦士セーラームーン』や『名探偵コナン』、『ちびまる子ちゃん』などいろんなマンガの名前が飛び交うが、特に『NARUTO－ナルト－』、『ONE PIECE』などの「少年マンガ」が非常に人気である。現在は『鬼滅《きめつ》の刃《やいば》』や『進撃の巨人』といった作品が有名なようで、私に向かって「心臓を捧《ささ》げよ」と『進撃の巨人』作中のセリフで挨拶してくれる学生もいる。

筆者が学生時代にトルコに留学した二〇一〇年の時点では、『NARUTO』が一番の人気だった。『NARUTO』が有名なのは、なんとなく海外で受けのいいニンジャを扱っているからだろうくらいにしか思っていなかったのだが、周りの日本マンガ好きのトルコ人学生と話していると、どうもそれだけではないことに気がついた。少年マンガの中で描かれるストーリーやキャラクターの成長物語は、イスラームの伝統的価値観に近いものがあるのだそうだ。トルコ人学生のルームメイトが言うには特に「スーフィズム」と呼ばれるイスラームの精神文化と多くの共通点があるという。

日本にとってイスラーム文化はまだまだ遠い存在であるが、ムスリムは実は日本をマンガという媒体を通して非常に親しみを持って見ているのである。では、トルコ人が日本のマンガとの共通点を見出《みいだ》した「スーフィズム」とはどのようなイスラームの精神文化なのだろう？

スーフィズムはアラビア語「タサウウフ」の英語訳で、日本語では「イスラーム神秘主義」と訳されることもある。イスラームにおいて基本の六信五行（六信は「アッラー、天使、啓典、預言者、来世、予定」の信仰箇条、五行は「信仰告白、礼拝、喜捨、断食（斎戒）、巡礼」の義務行為）に加えて悟りを得るための特別な修行や思索を重ねる人たちを「スーフィー」と呼び、彼らの哲学や修行の総称を「タサウウフ（スーフィーになること）」と言う。英語訳ではイズムをつけて「スーフィズム」という訳語が当てられるようになった。イスラームの共同体は現在大まかに言って「スンナ派」と「シーア派」に分かれているが、スーフィズムは両者どちらにも存在し（シーア派ではエルファーンと呼ばれる）、哲学や倫理・道徳、修行論など、さまざまな角度から人間の内面に迫るイスラームの精神的営みである。またスーフィーはペルシア語でダルヴィーシュとも呼ばれる。日本で比較的よく知られているスーフィーは、トルコのコンヤで栄えていた旋回舞踏教団（正しくはメヴレヴィー教団という修行集団）であろう。真っ白な修行服に身を包み、片手は天を指し、もう片手は胸に置きながら弧を描き踊る神秘修行である。あるいは、哲学に詳しい方であれば、日本が誇る碩学《せきがく》井筒俊彦が東洋哲学の深淵《しんえん》として紹介したイブン・アラビーの神秘哲学をご存じだろうがこれも、スーフィズムの一端である。

　スーフィズムは決して過去の遺産ではない。トルコを例に挙げれば、トルコ共和国成立後の世俗主義政策によってイスタン

イスタンブール、メヴレヴィー教団の修行風景

著者撮影

左はスーフィー教団の導師ザーヒド・コトク、右はエルバカン

ブールに存在したスーフィー教団の修行場（トルコ語でテッケという）は一九二五年に閉鎖されたものの、個々人の活動として民衆の間で密《ひそ》かに受け継がれてきた。トルコの政治家で首相にもなったネジュメッティン・エルバカン（一九二六―二〇一一）が、実はスーフィー教団の熱心な修行者であったことはトルコ国内では公然の秘密であった。エルバカンの師匠であったスーフィー教団の導師ザーヒド・コトクは、現在のエルドアン政権の中心的支持層であるイスラーム保守派の精神的基盤を作り上げたことでも知られている。厳格な世俗主義政策によって公共圏でのイスラーム教育や活動を厳しく管理しているトルコ共和国において、そのカリスマ性によって市民感情を動かし政治にも影響を及ぼす力を持ちうるスーフィー教団の導師たちの動向は、近年議論の的となっている。スーフィズムは、個々人の精神的営みであると同時に、社会全体を大きく動かす政治思想運動でもある。

スーフィズムは何を語るのか？

哲学や倫理・道徳、修行論、政治など、さまざまな要素を含むスーフィズムだが、その中心的ストーリーは、「人は弱く、間違いを犯す存在である。しかし修行者は師の助けを通じて己の精神的完成をひたすら目指す中で、人間を見捨てず絶えず導こうとしているアッラーの愛に気づく」ということである。スーフィズムのキーワードは人間と師、「神（アッラー）」である。

「師と弟子」

スーフィーの修行法は、彼らの残したさまざまな文献を読むことでその足跡を追うことができ、モロッコからインドネシアまでスーフィー教団の伝統は人々の間で受け継がれ、現在でも多くの地域で見ることができる。スーフィーたちは己の内面と向き合い、精神を磨き、真理に到達することを目的とした精神統一法や祈禱《きとう》、瞑想《めいそう》法や、日常作法を編み出した。

このようなスーフィズムの修行は「スルーク：実践」と呼ばれ、特定の実践法を採用する組織化した修行集団は「タリーカ（tariqa）」と呼ばれる。タリーカとはアラビア語で「道」を意味し、剣道や柔道、武士道や茶道などの「道」とほぼ同じ用法である。日本語ではタリーカはスーフィー教団と訳されるが、スーフィー道、イスラーム修行道などと訳した方が実は本来の

イスタンブールのウズベクテッケ　著者撮影

意味に近い。

　例えば、茶道が表千家や裏千家、武者小路《むしゃのこうじ》千家など、さまざまな流派に分かれているように、タリーカもカーディリー教団やティジャーニー教団、シャーズィリー教団、ナクシュバンディー教団など地域によってさまざまな流派が存在し、独自の修行法を持っている（タリーカの名前はその流派を開いた導師の名前に由来する）。例えば、現代トルコではナクシュバンディー教団が主流となっているが、さらにナクシュバンディー教団内部でいくつかの派が存在している。

　この写真はイスタンブールにあるナクシュバンディー教団の旧修行場である。オスマン朝時代には、この部屋でタリーカの師匠が学生たちにスーフィズムの教科書の講読会を行っていたという。

　タリーカの修行は個人や集団での祈禱や呼吸法、学問書の講読など、さまざまな方法があるが、共通するのは師から弟子に伝えられる伝統文化であることだ。本章のはじめに紹介した中国のムスリム思想家劉智（一七三〇年頃没）の詩は、人間の弱さとそれを克服し、真理へと至るための師を見つけることの重要性を端的に説いているが、何よりも大切なのはまず正しい先生を見つけ、教えを乞うことである。先生なくしてスーフィズムはあり得ない。師と弟子は生涯を通じて教え学び、スーフィズムの知識の継承を行う。スーフィズムでは、理想とされるスーフィーは「自らを完成へと至らせるだけでなく、周りの者も完成へと導く者」とされる。ただ徳が高いだけでは十分ではない。スーフィーは、自らだけでなく、他者を導くことによって初めて本物のスーフィーになれるのだ。

トルコ版『NARUTO』42巻より

　知り合いのトルコ人学生によれば、『NARUTO』（岸本斉史《まさし》、集英社）における自来也《じらいや》とナルトなど師と弟子の関係性の描き方や、ナルトとサスケの友情の中で描かれる、間違いや悩みを重ねる姿、そして師匠でさえ己の不足を感じながらも「人間の可能性」を信じ「思いをつなげていく」様は、タリーカの修行やそれにまつわる物語に似ているのだという。

「神の愛」

スーフィズムの修行は、師匠と弟子という二人の人間が紡ぎ出す営みであるが、人間完成の終着点は「神を理解すること」である。イスラームの神がどんな存在なのかを考える点ではイスラーム神学とも重なる部分があるが、スーフィズムではアッラーと人間の感情を通じた精神的関係性、心のつながりに特に注目する。井筒俊彦が紹介したスーフィズムの神秘哲学では、アッラーという名前さえも超越した絶対的「存在者」の側面が強調されているが、むしろスーフィズムの詩や神秘思想、修行論ではアッラーの人格神としての側面も同じくらい、あるいはそれ以上に追求されている。

オスマン帝国の有名なイスラーム詩人スレイマン・チェレビー（一四二二年没）は、以下のような詩を残している。

心の底から想《おも》いを込めて、「アッラー」とひとたび唱えれば、いかなる罪も秋の枯葉のように　はらり、はらりと落ちていく。

スレイマン・チェレビー『預言者生誕賛歌』（オスマン朝時代のスーフィズム詩）

この詩はトルコで最も有名な詩のひとつで、今でも敬虔《けいけん》なトルコ人の間で預言者ムハンマドの誕生日とされている日に詠まれている。日本ではトルコの宗務庁が管理している東京ジャーミイで毎年、預言者生誕祭が祝われており、イマーム（モスクで働く宗教指導者）がこのスレイマン・チェレビーの詩を朗読する。

スーフィズムでは師から弟子への一対一の生涯にわたった指導によって真理に到達できるといわれているが、アッラーは望みさえするならば、儚《はかな》き人間の努力などいとも軽く飛び越え、人間を破滅から救いへと導く愛情にあふれた存在であるという。スーフィズムではこのような「神の愛」を味わうことを究極目的とし、スーフィーの思想家たちはその境地を哲学や音楽、詩などさまざまな形で表現してきた。また前記のスレイマン・チェレビーの詩にあるように「心からアッラーを求めていれば、その名を唱えさえすれば罪は赦《ゆる》され救われる」という思想は、南無阿弥陀仏《なむあみだぶつ》、「阿弥陀仏の本願」思想に親しんでいる日本人にとっても決して理解が難しいものではないだろう。

スーフィズムが映し出す「イスラームの色彩」

以上、スーフィズムのいくつかのキーワードについて、日本文化との類似点、接点も探りつつ紹介してみた。なぜなら、他文化との接点を探りつつ人の業《わざ》、神の業の意味を探っていく過程そのものもまた、スーフィズムの営みであると考えられるからである。先述の劉智は、スーフィズム詩を書くにあたって四書五経のひとつ『中庸』の章句序から「人心これ危うく、道心これ微かなり」を引用するなど、東アジアの知的伝統とのつながりを探りながら自らのスーフィズム思想を築き上げた。

フランスの東洋学者のヴァンサン・モンテイユの主著『イスラームの五つの色』によれば、イスラームは「唯一神理解（タウヒード）」という核は保ちながらも、アフリカやアラブ、トルコ、ペルシアからインド、マレー地域に伝播《でんぱ》するにあたって、現地の文化と対話を重ねながらそれぞれの独自の色彩を獲得していったという。そして、歴史的にそのようなイスラームのさまざまな色彩を作り上げていったのは、スーフィーである。ならば日本人の我々もまた、伝統文化、ポップカルチャーなどさまざまな日本文化を「ものさし」として使いながら、イスラームを理解するような試みを始めてもいいのではないだろうか。

本書では、これまで日本であまり紹介されてこなかったスーフィズムの思想と実践について書かれた古典紹介を中心に、現代イスラーム世界の実例を交えつつ、さらに日本文化との接点を探るという試みを行いたい。

第一章

学問としてのスーフィズム

علم التصوف

正統学問としてのスーフィズム

ここでは、スーフィズムの歴史的な展開ではなく、伝統イスラーム学においてスーフィズムがどのように定義され、説明されているのかを紹介したい。

序章で述べた通り、スーフィズムはアラビア語で「タサウウフ（Tasawwuf）」という。アラビア語は三つの音を語根として、それがさまざまな形に展開されることで意味が広がっていく言語であるが、タサウウフに関しては、S、F、W／S、F、F／S、W、Fなど語根に関してもいくつかの説がある。例えば、S、F、Wの語根からなる「清浄さ（サフワ）」を基とした「浄化の道」という意味であるという説もあれば、S、F、Fの語根からなる「ソファー」を基とした「ソファーの人々の道」という意味であるという説もある。このソファーとは、預言者ムハンマドの時代に住む場所がなく預言者の家の客間のソファーで暮らし、預言者の教えを間近で受け、その徳を体現していたとされる「ソファーの人々」の清貧さのシンボルである。

またギリシア語のソフィア（英知）から由来して「ソフィアを体現する」という意味であるという説もある。最も有力なのは、S、W、Fの語根からなる「羊毛」で、これは中東の修行者たちが荒野で修行する際に用いていた「羊毛（スーフ）」の衣服を指す。羊毛の衣服といってもウール仕立ての綺麗《きれい》な衣服ではなく、羊の毛を刈ったときの余り物の毛をかき集めてつくった粗末なもので、修行者は他に一切のものを持たず、この羊毛を羽織り清貧の修行を行っていたという。この「羊毛を身にまとう（タサウウフ）」が清貧の道、あるいは清貧を体現するという意味に転じていったという。

またスーフィズム（タサウウフ）という言葉そのものは聖典クルアーン（コーラン）や神聖ハディース（クルアーンなどの啓典とは別に預言者を通して神が一人称で語った言葉）にも見られないことから、後世に作られた「本来のイスラームからは逸脱した文化」として、正統イスラーム学の一部としては認められないという批判はその成立当初から現代まで続いている。特に、預言者ムハンマドの時代のイスラームへの回帰を唱えるサラフィー運動は、スーフィズムの思想や実践を厳しく非難しており、スーフィーたちの修行場やスーフィーが信奉する聖者廟《びょう》の破壊などを行い、各地で社会問題となることもある。一方、スーフィー側は、大切なのは用語や語源ではなく、その言葉が伝えようとしている理念や実践であり、スーフィズムはあくまでクルアーンやハディースが説いている清貧や謙譲、同胞愛や悔悟、心の浄化や作法を説いていると反論している。

クルアーンは、アブラハムとイシュマエルがカアバ神殿を建設した際にアッラーに捧《ささ》げた祈りを伝えている。

我々が主よ、彼ら（一神教を信じる共同体）の間に使徒を遣わし給え。彼らにあなたのもろもろの印を読み聞かせ、啓典と叡智《えいち》を教え、彼らを浄化する使徒を。

クルアーン第二章一二九節

クルアーン解釈ではこの節のキーワードとして「（叡智・知識を）教える」と「浄化する」というふたつの動詞を挙げる。イスラームでは使徒・預言者は人類に対して啓典をもって「知識を授けること」と「心を浄化すること」というふたつの役割を担って遣わされる。しかしイスラームでは使徒・預言者は預言者ムハンマドが最後となり、以後人類に新しい使徒・預言者が遣わされることはないという。預言者ムハンマドが存命中は、預言者とは神と直接コミュニケーションの取れる人間であるため、啓典をもって人々に教えを授けることもできれば、心の浄化の作法を伝えることもできるが、預言者ムハンマドの死後はそういった機会がなくなってしまうということである。さらにクルアーンも最後の啓典であることから、何世紀も後の時代の人間やアラビア語を解さない地域に住む人たちは、その「知と浄化」の教えをどうやって理解すればいいのだろうか、という問題も生じてくる。ここで、預言者ムハンマドが残した次のようなハディースがある。

学者は預言者の相続人である。

つまり預言者なき時代は、イスラームの教えを理解し、継承する学問と実践の専門家である学者がイスラーム共同体（ウンマ）を担う責任を持つという意味である。そして、イスラーム学者たちは、イスラームの教え（叡智・知識）を教える学問として神学と法学、心の浄化の作法・実践を教える学問をスーフィズムであるとした。この神学・法学・スーフィズムという三分野によって成り立つ伝統イスラームの構造は、イスラーム学中興の祖ガザーリー（一一一一年没）の主著『イスラーム諸学の再生』によって提示され、ナワウィー（一二七七年没）による神学・法学・スーフィズムの入門書である『目的』によって確立されていったといわれている。

伝統イスラームにとって、「神学・法学」と「スーフィズム」は人類が真理に至るための両輪のようなものであり、どちらかひとつでも欠けたら成り立たない。また「知識」と「浄化」はお互いがバランスをもって支え合うことが重要であり、頭でっかちの神学者や机上の空論の法学者、教義や法を逸脱したスーフィーになることはイスラームの理念とは反する。オスマン朝のイスラーム学の教科書にはこのような格言がある。

神学だけでアッラーを理解しようとすればいずれ教義そのものから逸脱する。禁欲の道（スーフィズム）だけでアッラーを感じようとすればイスラーム法を軽んじるようになる。法律だけでアッラーを知ろうとすれば虚偽を働くようになる。神学・法学・スーフィズムという学問すべてを修めた者が、本当の意味でアッラーに仕えることができるのだ。

ハーディミー『ムハンマドの道注釈』（一八世紀トルコのスーフィー）

当然すべての学問を究め尽くすことは至難の業であるが、イスラーム学者であればこの三学問のバランスを保ちながら、己の知識と実践を練り上げていかなければならない。イスラーム世界においては歴史上しばしば法学者とスーフィー、あるいは神学者とスーフィーの間で神学や法学議論、スーフィーの実践の正統性について論争が起こってきた。しかし、論争が起こること自体はむしろ正統イスラーム学に組み込まれたチェック&バランスのシステムによるともいえる。

また、イスラーム学者は「預言者の相続人」であるとしても、彼らには絶対的な権威もなければ、預言者に並ぶような神秘的権威性もない（そう主張する例は歴史的に枚挙にいとまがないが）。スーフィズムという学問も、正統イスラーム学に組み込まれて八〇〇年以上が経過しているが、クルアーンで説かれている浄化の道とは何なのか、そのあるべき実践の形とは何なのかについては今でも議論と試行錯誤が重ねられている。さらに啓典のアラビア語を理解できない一般人や別の言語、文化圏に属する人々に対してその浄化の道を伝える適切な方法は何かについても、ギリシア哲学の論理法を取り入れたり、その地域の芸術や武術を取り入れたり、アラビア語から現地語に翻訳し、詩や散文の形式で伝えたりと試行錯誤は続いている。スーフィーたちの世界観では、スーフィズムはアブラハムの祈りによってアッラーが人類に伝えた心の浄化の道である以上、それは一神教の歴史において最も確立された伝統に他ならないが、それを伝える手段には、時代や地域によってさまざまな創意が加えられてきたのである。

哲学的スーフィズムと実践的スーフィズム

スーフィズムがクルアーンで説かれている心の浄化の道を探る営みであることを説明したが、スーフィズムは大きく分けてふたつの領域に分かれる。

ひとつ目は、イスラームの根本教義であるタウヒード（アッラーの唯一絶対性）の真理を神秘哲学、存在論の観点から思索する哲学的スーフィズム（タサウウフ・イルミー）、ふたつ目はタウヒードを信仰告白や礼拝、喜捨、断食、巡礼などムスリムとしての義務行為や作法、祈禱《きとう》や瞑想《めいそう》、音楽や詩作、食事など特別な崇拝行為から日常の作法など実践を通じて味わう実践的スーフィズム（タサウウフ・アマリー）である。

井筒俊彦によって日本に紹介されたイブン・アラビーの存在一性論などの神秘哲学は、もっぱら前者の哲学的スーフィズムにあたる。哲学的スーフィズムは研ぎ澄まされた精神による集中力と論理的思索によって、絶対的一者としてのアッラーの存在から、この世の多様な被造物がどのように顕現したのかを考察する学問である。

一方、実践的スーフィズムは必ず師匠の監督と指導の許《もと》でさまざまな修行を重ねることで心を磨き、この世を創造した絶対的一者としてのアッラーの存在や愛を感じ取ることを目的とする。浄化の道としてのスーフィズムは、この哲学と実践という両輪によって支えられている。哲学的観点からは、スーフィズムとはこの世に一見存在しているように見える被造物は実はまやかしで、真のリアリティを持っている真実在であるアッラーの存在を認識するための見識を養う営みである。実践的観点からは、スーフィズムとは心眼を曇らせる心の欲望や雑念をコントロールする境地を身につけることを目的とする。実践を続ければ、見識が欲望に迷わされることは少なくなり、見識が磨かれれば、眼前にある世界と己の存在次元への理解が一段と深くなり、今、自分にとって必要な心の状態は何なのか、それを獲得するためにどのような修行が必要なのかについても理解できるようになっていく。この修行の形式はさまざまで、師匠の家に通って祈禱や瞑想の作法、スーフィズムの古典の教授を受けることもあれば、大きな修行場に住み込み、そこで断食や仏教の典座《てんぞ》のような修行をすることもある。

第二章

師匠と弟子
――スーフィズムの学びのネットワーク

المراد والمريد

アッラーに至る修行の道は人間の数だけ存在する。

ナジュムッディーン・クブラー『スーフィズムにおける十の教理』

（一二―一三世紀中央アジアのスーフィー導師）

スーフィズムにおける「センセイ」の重要性

トルコや中東は日本から地理的には遠いかもしれないが、日本のマンガやアニメを通して「かわいい（kawaii）」など日本語の単語を知っている若者はとても多い。日本のアニメが海外で放送される場合には諸外国語に吹き替えられ、字幕が当てられるのだが、外国語にぴったりと当てはまる言葉がない場合、日本語のまま使われる言葉がいくつかある。その内のひとつが「先生」である。例えば、英語では日本語の「先生」にぴったり相当する言葉がないらしく、『NARUTO』や『呪術廻戦《じゅじゅつかいせん》』ではそのまま「カカシ Sensei」、「五条 Sensei」と訳されている。

ここでの「先生」の意味は、単なる職業としての教員ではなく、主人公を一歩進んだところから精神的に導く存在のことだ。トルコ語では「ホジャ（hoca）」がこの先生に対応する言葉らしい。マンガ好きのイスラーム学専攻のトルコ人学生は、少年マンガの『ＮＡＲＵＴＯ』の「カカシ先生」や「自来也《じらいや》先生」、さらには『暗殺教室』の「殺《ころ》せんせー」などのキャラクターたちの弟子や生徒とのかかわりを見て、「これはホジャだ！」と感動したらしい。

『NARUTO』42巻より　©岸本斉史/集英社

ここでのホジャは、周囲のキャラクターの人間的成熟を促す指導的立場の人間、すなわち先生である。スーフィズムの学びの文化では、この先生による指導が悟りへ至るための必要不可欠な条件となっている。

スーフィズムの「師匠」と学びの系譜

スーフィズムのSenseiは、アラビア語ではシャイフと呼ばれる。トルコ語ではホジャ、インドネシア語ではキアイなど各地域によってさまざまな呼び方がある。

スーフィズムでは、修行の段階によって人間を三つの段階に分け、イスラームの教えの理解の深度も各段階によって違うと考える。

1 一般人：六信五行などイスラームの基本的な信仰や実践はしているが、スーフィズムの特別な修行をしていない一般層。
2 選良：より良い人間になりたいと、スーフィズムの修行を師匠の許《もと》で始めた人たち。
3 選良中の選良：アッラーへの愛に目覚めることで苦しみから逃れ、さらに周りの人間の指導に励む人たち。

先にも紹介した、一七―一八世紀中国のイスラーム学者劉智《りゅうち》はこの三つの段階の人間にとってのイスラームをそれぞれ「礼のイスラーム」、「道のイスラーム」、「真のイスラーム」と呼んだ。

さらにイスラームの学びの文化では「預言者ムハンマドから続く学びの系譜」が重要視される。これは前章で紹介した預言者ムハンマドの「学者は預言者の相続人」という言葉に基づいており、イスラームの知の伝統では、預言者の教えをいかに守り後世に伝えていくかが重んじ

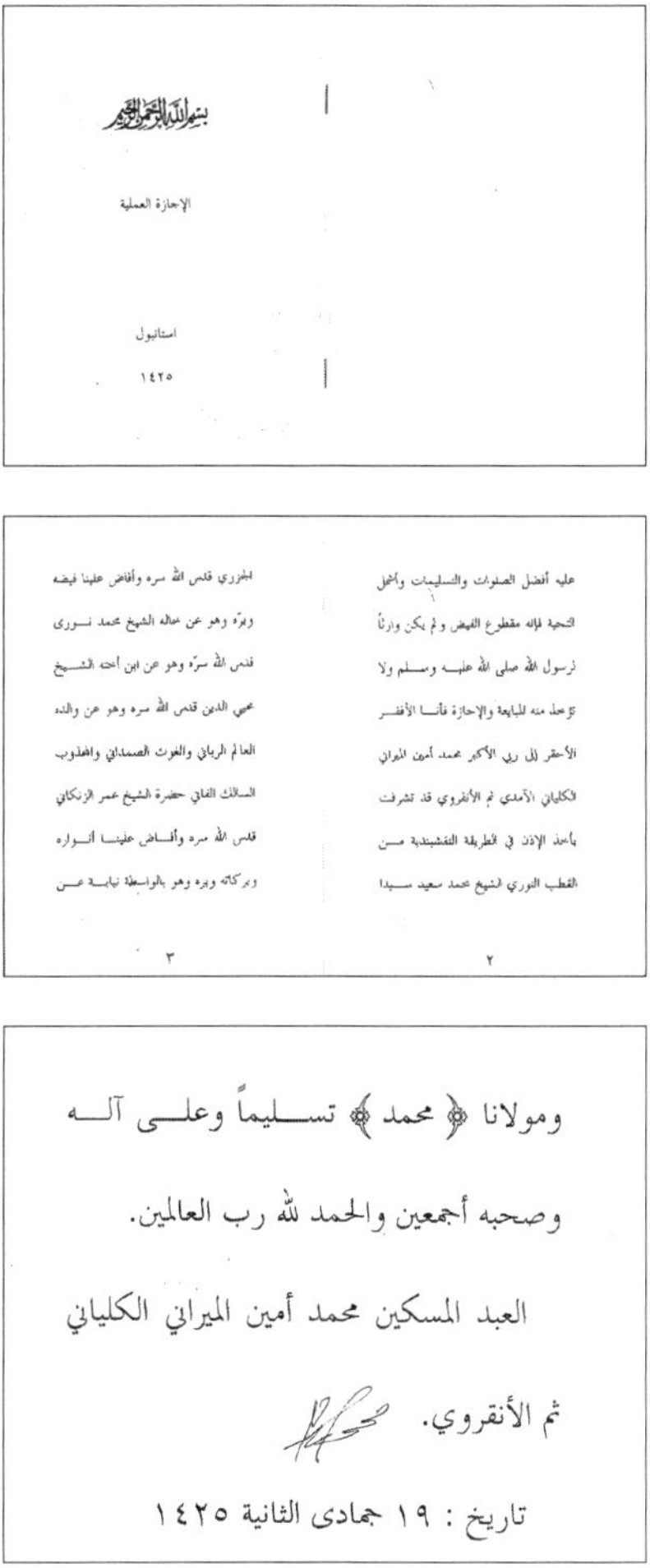
بسم الله الرحمن الرحيم

الإجازة العملية

استانبول

١٤٢٥

عليه أفضل الصلوات والتسليمات وأكمل
التحية لماله مقطوع الفيض ولم يكن وارثاً
لرسول الله صلى الله عليه وسلم ولا
تؤخذ منه للبايعة والإجازة فأنا الأفقر
الأحقر إلى ربي الأكبر محمد أمين الميراني
الكلياني الآمدي ثم الأنقروي قد تشرفت
بأخذ الإذن في الطريقة النقشبندية من
القطب النوري الشيخ محمد سعيد سيدا

٢

الجزري قدس الله سره وأفاض علينا فيضه
وبرّه وهو عن خاله الشيخ محمد نوري
قدس الله سرّه وهو عن ابن أخته الشيخ
محي الدين قدس الله سره وهو عن والده
العالم الرباني والغوث الصمداني والمجذوب
السالك الفاني حضرة الشيخ عمر الزنكاني
قدس الله سره وأفاض علينا أنواره
وبركاته وبره وهو بالواسطة نيابة عن

٣

ومولانا ﴿ محمد ﴾ تسليماً وعلى آله
وصحبه أجمعين والحمد لله رب العالمين.

العبد المسكين محمد أمين الميراني الكلياني
ثم الأنقروي.

تاريخ : ١٩ جمادى الثانية ١٤٢٥

ナクシュバンディー教団の免許皆伝証

られている。スーフィズムでは預言者ムハンマドから伝えられた教えを理解し、修行を完成したことを証明する「免許皆伝（イジャーザ）」制度があり、この免許を師匠から与えられると、弟子はそのスーフィー教団流派の先生として指導する権利が与えられる。この免許皆伝の制度もスーフィー教団によって仕組みが違うのだが、一例を挙げると、トルコで影響力を誇るナクシュバンディー教団では免許を「知識の免許」と「修行の免許」に分けている。「知識の免許」とはアラビア語や論理学、ハディース学、クルアーン解釈学、神学、法学など伝統的なイスラーム諸学の習得を証明するものであり、「修行の免許」とは祈禱《きとう》や精神集中、社会奉仕などさまざまな修行を経たことを証明するものである。

前頁の写真はムハンマド・エミン（一九一四―二〇一三）というナクシュバンディー教団の導師の「修行の免許皆伝証」のコピーである。「ムハンマド・エミンがムハンマド・サイード・セイダー・ジズリーから学び、彼はムハンマド・ヌーリーから学び…（中略）…アブー・バクル（預言者ムハンマドの高弟）は預言者ムハンマドから学び、預言者ムハンマドはジブリール（天使）から学んだ」という形で修行法の系譜が書かれている。スーフィズムでは天使がアッラーから修行法を学び人間に伝えたと信じられているので、スーフィズムの修行法は究極的には神の神秘的知識に属するものである。ナクシュバンディー教団では「知識の免許」と「修行の免許」の両方を取得することが流派を受け継ぐことの条件となっており、どちらか一方だけでは、流派の教えを他者に伝える権利を持てない。この免許皆伝の伝統は特にトルコ東部のクルド系イスラーム学者の間やスーフィー導師の多い地域で現在でも厳粛に受け継がれている。

これは日本の武道や芸事などでの伝承と近いところがある。こうした世界観を色濃く反映するマンガ、『NARUTO』の例で喩《たと》えるならナルトの得意技「螺旋丸《らせんがん》」という忍術があるが、この忍術は波風《なみかぜ》ミナトが開発し、自来也→うずまきナルト→猿飛木ノ葉丸《さるとびこのはまる》と受け継がれている。ナルトの永遠のライバルであるうちはサスケも「千鳥《ちどり》」という忍術を先生であるはたけカカシから教わっている。また奈良シカマルの「影縫いの術」など一族に伝わる忍術があったり、特異な忍術によってキャラクターの師匠と弟子の系譜が分かるようになっている。

スーフィー教団もどの流派や師匠につくかで祈禱法や学問スタイルが異なり、師匠と弟子の系譜はスーフィーたちのイスラーム理解を探る上で欠かせない要素である。原則的にスーフィー教団の修行法はアッラーから伝えられた奥義であるため、その内容を改変したりせずにそのまま伝えることが求められるのだが、師匠とは異なる新たな悟りを得たと考えた弟子は、同じスーフィー教団の中で新たな流派を開いてその初代導師となることもある。しかし、何が正統なスーフィー教団の流派かを決める公的な機関は存在しないので、新しい流派が発展するか廃れるかは弟子がついてくるかどうかによる。つまり人気が出るかどうかである。

イスタンブールのチャルシャンバ地区　著者撮影

スーフィー教団と流派——現代トルコの例

トルコ共和国では現在ナクシュバンディー教団というスーフィー教団が一大勢力となっているが、その内部もエレンキョイ派、イスマイル・アー派、イスケンデルパシャ派、メンズィル派という流派に大きく分かれている。さらに小さな規模の流派も数えきれないほどあり、スーフィー教団と一口に言っても、その規模や実践の内容は異なる。章冒頭に掲げたナジュムッディーン・クブラーの言葉通り「人間の数だけ存在する」のである。

イスマイル・アー派

例えば、その中からイスタンブールのチャルシャンバという地区を本拠地として活動するスーフィー教団イスマイル・アー派を紹介したい。

チャルシャンバ地区はイスタンブールの中でも最もイスラームに保守的な人たちが住む地区として有名である。イスマイル・アー派の修行者の男性は、ターバンを巻きジュッベという長

イスマイル・アー派の導師マフムド・エフェンディの写真
著者撮影

イスマイル・アー財団のウェブサイト。海外での人道支援活動の報告書なども見ることができる

チャルシャンバ地区のイスマイル・アー・モスクとスーフィー教団修行者
著者撮影

い外套《がいとう》を着ており、彼らのトレードマークとなっている。イスマイル・アー派の導師マフムド・エフェンディはスーフィー教団メンバーのみならず、チャルシャンバ地区全体の精神的指導者として絶大な人気を誇っていた。このイスマイル・アー派は人道支援NGOも設立・運営しており、アフリカや中東地域にスーフィー教団のメンバーを送り、インフラ整備や食糧支援活動を行っている。

モスクでの静かな精神集中の修行から海外での人道支援活動まで、スーフィー教団といっても修行の方法は多岐にわたっているが、いずれにしても日々の実践の中に悟りの本質を見出《みいだ》そうとしている点で共通している。

トプチュの「近代派スーフィー」サロン

一方でヌレッティン・トプチュ（一九〇九―七五）という現代トルコの哲学者が作ったサロンは、イスマイル・アー派とはまた違ったスーフィズムの学びと実践の在り方を見せている。ヌレッティン・トプチュはフランスのソルボンヌ大学で博士号を取得したトルコ人哲学者で、母国トルコに帰国後は高校教師として働いた。当時はトルコの世俗主義政策が厳しかったためイスラーム保守派のバックグラウンドを持つ人間は、たとえソルボンヌ大学で博士課程を修めたとしても、偏見や差別のため大学で職を得るのは困難であったという。トプチュは西洋哲学の研究の傍ら、イスタンブールでアブドゥルアズィズ・ベッキネ（一八九五―一九五二）という伝統的なナクシュバンディー教団導師に弟子入りし修行を始めた。このアブドゥルアズィズ・ベッキネが属していたナクシュバンディー教団のギュムシュハーネヴィー派は、社会奉仕や経済活動を重視していることで知られており、兄弟弟子のザーヒド・コトクの一番弟子で後にトルコの首相となるネジュメッティン・エルバカンはギュムシュ自動車という自動車部品製造会社を経営し、トルコ商工会議所連合会会長も務めた。これも経済発展への貢献を修行の一環として考えるこの流派の特徴であり、彼らは「伝統に立脚した行動主義」と呼ぶ。この「伝統に立脚した行動主義」にトプチュは多大な影響を受け、それをフランスで学んだモーリス・ブロンデルの「行為の哲学」と照らし合わせることで、新しい（イスラーム的）行動の

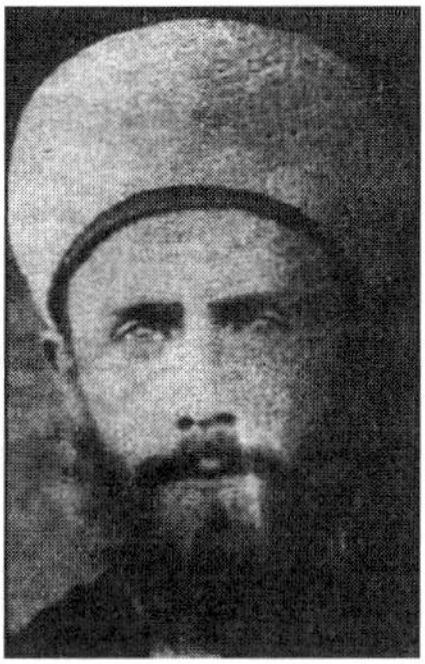
アブドゥルアズィズ・ベッキネ

ヌレッティン・トプチュの著書『倫理の構造』

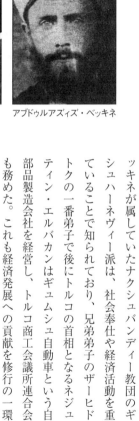

哲学の創造に生涯を捧げた。実際には、トプチュの本は世俗主義全盛期のトルコでスーフィズムの修行に関する本の出版が難しい状況であったため、フランスの最先端の哲学的語彙を使いながらナクシュバンディー教団の思想を解説する「隠れ修行書」のような側面もあったらしい。筆者は、彼の系譜に属するナクシュバンディー教団の指導者からトプチュの本をフランス哲学としてではなく、スーフィーの修行書として読む「解読法」を教えてもらったことがある。

トプチュは高校教師として働く傍ら雑誌「行動（hareket）」の発行など学術活動を続け、「近代派スーフィー知識人」のサロンを作り上げた。彼のサロンは今でもトルコのスーフィズムやイスラーム主義研究の分野で重要な功績を挙げており、トルコのイスラーム主義研究の権威イスマイル・カラ教授もこの系譜に属しているといわれている。

スーフィーのサークルは、伝統的なスーフィー教団の形だけではない。特に、トルコのような世俗主義政策によってスーフィーの活動が厳しく監視されていたところでは、公に活動できないスーフィー導師は、個々人のつながりを維持しながら学びの文化の継承を続けてきた。トルコでは導師が主導する公的ではない、私的な学びのネットワークのことを「不可視の大学(görünmeyen üniversite)」と呼ぶ。スーフィズムは、「どこで学んだか」よりも「誰から学んだか」が重要なのである。

師匠の指導法

以上、現代トルコの例を挙げながら、スーフィーの師匠と弟子たちの活動を紹介した。イスマイル・アー派もトプチュのサロンも、どちらも系譜を見ればナクシュバンディー教団という流派だが、その実践や社会との向き合い方は大きく異なり、トルコのスーフィズムの多様性をよく表している。イスマイル・アー派の導師や弟子たち、アブドゥルアズィズ・ベッキネのようにいかにも神秘主義教団といった雰囲気の人たちもいれば、ヌレッティン・トプチュのようにスーツに身を包んだ現代的な知識人といった人もいる。神秘主義教団の学びの文化と聞いたら、「権威主義的」、「洗脳されそう」など、見慣れない読者の方はやはり何か怪しいイメージを持ちがちではないだろうか。

しかしスーフィズムの古典では、師と弟子の学びの場が教条的な環境になることを批判している。ここではナクシュバンディー教団の流派が現在でも使っている教科書、アフマド・スィルヒンディー著『書簡集（maktubat）』を紹介したい。

アフマド・スィルヒンディー（一六二四年没）は、南アジアで活躍したスーフィズムの導師である。スーフィズムの「革新」を目指し、彼の修行法はナクシュバンディー教団の修行法を刷新し、以後の流派に大きな影響を及ぼした。トルコに存在するナクシュバンディー教団の流派は、ほぼすべてこのスィルヒンディーの革新派（ムジャッディディー派と呼ばれる）に属している。

『書簡集・選集』

『書簡集』は、イスラーム世界の各地の学者や弟子に宛てたスィルヒンディーの手紙を集めたものである。内容は神学から法学、日常の作法から宇宙論、人間観、修行論に至るまで幅広くカバーしている。ナクシュバンディー教団の中でもスィルヒンディーの流派である革新派は、理想のスーフィーとは神秘修行に明け暮れるだけではなく、神学や法学にも精通し、現実の社会の問題に対処できる人間となることを強く弟子たちに求めている。現代トルコの哲学者トプチュがナクシュバンディー教団導師ベッキネから学んだ行動主義も、元をたどればこのようなスィルヒンディーの書いた古典に立脚する思想である。

『書簡集』は師匠から弟子に伝えられたスーフィズムのいわば『風姿花伝』と言える書物で、何十年にもわたって弟子は師匠から『書簡集』を学び、それを人生の中で実践に移しながら自らの「スーフィー道」を練り上げる。『書簡集』は、当時の学術語として広く使われていたペルシア語で書かれているが、現代ではアラビア語、トルコ語訳もあり、今もナクシュバンディー教団はこの本を教科書として生活作法から修行法などスーフィズムのさまざまな教えを学び伝えている。

前頁の写真はトルコのナクシュバンディー教団で使われている『書簡集・選集』である。ナクシュバンディー教団導師であったディヤルバクル出身のイスラーム学者ムハンマド・エミンがスィルヒンディーの書簡集の中から最も重要だとみなした手紙を選んだものである。伝統の継承はスーフィズムの学びの文化のキーワードであり、基本的には古典もそのまま教え伝えていくことが重んじられているが、師匠の裁量によって古典の中から重要だと判断したものを選び出したり、暗記しやすいように要約したりと、実際には学びの内容やスタイルは時代と共に少しずつ変化している。

弟子の最後の礼儀

一例を挙げると、『書簡集』には、スィルヒンディーがベンガル地方のスーフィーに宛てた手紙が収められており、そこでは「弟子の作法」とは何かが説明されている。まず、弟子にとっては何よりも「先生」を見つけることが重要である。理想の先生とは、「自らも道を完成させようと努力し、さらに周囲の者の道も完成に至らせようとする」人でなければならない。スーフィズムの修行は我欲の克服であるため、自らの救済や己の道の完成だけを求めるものであってはならず、修行で高位の段階に行けば行くほど、特に「先生」となった修行者は、己よりも他者の救済に価値を見出さなければならない。このような思想をスーフィズムでは「利他心(イーサール)」と呼ぶ。

弟子は、先生に日常の心の揺らぎから夢で見た出来事まで相談し、先生は弟子の心の状態に応じて段階的にスーフィズムの心得や修行法を教えていく。このような日常で心に浮かんだ雑念や悩み、神秘的経験に関する師匠との相談内容をまとめた日記はスーフィズムの学びの伝統のひとつであり、今でも有名なスーフィー導師の日記は出版されていて読むことができる。

スーフィズムの修行の中では、弟子は基本的に日常の作法から心の揺らぎ、修行の方法など事細かに師匠に相談し、指導を受けることが求められるが、弟子はただ師匠の教えに無批判に従っていればいいわけではない。長年の修行を経た後は、今まで学んだスーフィズムの心得や修行法、神秘的境地について師匠に挑戦していくことが求められる。スィルヒンディーによれば、弟子の最後の礼儀とは「師匠に挑戦し、乗り越え」、自らのスーフィー道を作り上げることであるという。近現代のサラフィー運動やムスリム同胞団をはじめとした近代イスラーム主義はもっぱらスーフィズムの伝統墨守、権威への追従姿勢を批判するが、ナクシュバンディー教団のスーフィズム論を見る限りはそのような批判は的外れであると言えよう。スーフィズムの修行とは、いつか自らを超えていく人間を育てていくための師匠と弟子の緊張感に満ちた関係性によって成り立っているのだ。

教え、学び伝えていくスーフィズムの学びの文化は、単に伝え聞いたことを考えなしに伝えていく伝言ゲームではない。弟子はまずは師匠に自分のすべてを委ね学びながらも、いずれは師匠を乗り越えていくことが求められ、師匠もいずれ自分よりも道を深める存在に出会い、育て導くために自らの修行を続けていくのである。

第三章

西欧とスーフィー
——中東を越えるスーフィズムのネットワーク

الصوفية في الغرب

チャールズ三世はイスラーム教徒!?

スーフィズムにおける師匠と弟子のネットワークは、イスラーム世界だけではなく、実はヨーロッパやアメリカにも広がっている。この西洋世界に広がるスーフィーのネットワークを知るひとつのきっかけとして、英国王室とスーフィズムの隠された（?）かかわりというものがある。

二〇二二年九月八日、エリザベス女王の死去を受け、皇太子から国王となったチャールズ三世の人となりについて英国内外のさまざまなメディアが論じているが、実はムスリム社会においてまことしやかに語られる都市伝説的な噂《うわさ》のひとつに「チャールズ三世隠れムスリム説」というのがある。

イギリスでは現在人口の六・五パーセントがイスラーム教徒で、バングラデシュやパキスタン、トルコ、アラブ諸国からの移民やその二世、三世など多様なルーツを持ったムスリム市民が生活している。またイスラームに改宗する白人系イギリス人も徐々にではあるが、増えつつあるといわれている。

そのような英国のムスリム社会の中で活躍した、北キプロス出身のトルコ系キプロス人のムスリムであるムハンマド・ナーズィム・ハッカーニー（一九二二―二〇一四）という人物がいる。彼はナクシュバンディー教団の導師で、イギリスを中心にヨーロッパで精力的に活動した。ナーズィム導師のナクシュバンディー教団流派は、現在ヨーロッパで最も影響力のあるグループのひとつである。

「イスラームとは慈悲の海（マーシー・オーシャン）」をスローガンにドラッグ依存者など社会のセーフティネットから零《こぼ》れ落ちた人間に対しても分け隔てなく接するナーズィム導師は英国ムスリム社会において、トルコ系ムスリムのみならず白人系イギリス人の改宗ムスリムの間でもカリスマ的人気を誇り、イギリスのムスリム社会の発展に寄与した。同時にナーズィム導師は君主制の熱心な支持者でもあり、ヨーロッパ王室をイスラーム的に感化することにより、一九二四年にトルコで滅んだカリフ制イスラーム王朝をヨーロッパで復活させるという、一見途方もない野望を持っていた。実はチャールズ三世は、このナーズィム導師の影響を受けイスラームに改宗したという噂があるの

ナーズィム導師

ロンドンのシャイフ・ナーズィム・スーフィーセンター外観

だ。ナーズィム導師自身もチャールズ三世はトルコ訪問中にイスラームに改宗したことを明かしながら、「次のイギリス国王はムスリムだ」と周囲に言っていたらしい。

当然英国王室はこの噂について否定しているし、事実の確かめようはないのだが、筆者がフィールドワークで訪問したイギリスやフランス、トルコにいるナーズィム導師の弟子たちは「チャールズ三世はムスリム」だと信じて疑わなかった。

チャールズ三世がムスリムであるかどうかは別にしても、彼はイギリス王室の中ではかなりの「イスラーム好き」の王族として知られている。一九九三年より彼はオックスフォード大学イスラーム研究センターのパトロンとなっており、同年にこのセンターを訪れた際に行ったスピーチで「イスラームは人類の探求のあらゆる分野において、我々の過去と現在の一部であり、近代ヨーロッパの創造に貢献した。私たち自身の遺産の一部であり、よそものではない」と発言している。環境問題に対してもイスラームの精神性から多くのことを学ぶことができる、と評している。また、二〇〇三年のイラク戦争についても「英国軍を心配する」旨の批判的な見解を書簡を通じて当時のブレア首相に伝えたことが後に明らかになり、「皇太子の政治介入」であるとの批判を受けた。

さらには、二〇一三年のカタール訪問の際にはイスラームの聖典クルアーンを読むためにアラビア語のレッスンを六か月にわたって受けていることを明かし、将来、英国国教会の最高権威となる皇太子がクルアーンを学ぼうとしているのか、とメディアで揶揄《やゆ》されたこともあった。

また、チャールズ三世はイスラーム美術に対しても並々ならぬ関心を持っている。彼がデザインした「カーペット・ガーデン」はトルコ絨毯《じゅうたん》の色彩と幾何学模様からインスピレーションを受けており、クルアーンに言及されているイチジク、ザクロ、オリーブの木が植えられている。

カーペット・ガーデン
写真：Alamy/アフロ

チャールズ三世はこのカーペット・ガーデンについて「ハイグローブの私の部屋にある小さなトルコのカーペットの柄と色を長年眺めてきて、その柄と色を使って庭を作ったらどんなに楽しいだろうかと感じずにはいられませんでした。カーペットの中に入っているような効果を出せるように努めました」と発言している。二〇〇一年五月に開催されたＲＨＳチェルシー・フラワーショーで、この庭は王立園芸協会から銀賞を受賞している。

このように、たびたびメディアで揶揄されながらもチャールズ三世はイスラーム文化に対してかなり主体的な興味を持っていることは明らかであろう。

イギリスのムスリム人口は増加し続けているが、メディアはもっぱら過激派イスラーム組織のテロの脅威やムスリム移民の統合問題、イスラーム嫌悪（イスラームフォビア）の問題を取り上げている。そこで描かれるムスリム像とは「我々の社会」の外からやってきた「他者」である。しかし実際にはイギリスのムスリムも移民二世、三世の時代となり、白人系改宗ムスリムの間からも世界的に発言力のあるイスラーム学者が登場するようになった。イギリスのムスリムたちの関心も「自分たちが受け入れられるかどうか」から「ヨーロッパに生まれ育ったムスリムとして独自のイスラーム文化を創造できるのか」といった問いに移行しつつある。そのようなイギリスのムスリム社会において、チャールズ三世のようなイスラーム文化に親しみを見せる王族に一定の関心と期待が寄せられるのは、決して不自然な反応ではないだろう。

伝統主義学派とスーフィズム

しかし、英国とイスラームの歴史というと、私たちはもっぱら英国の植民地政策や東インド会社、あるいはパレスチナをはじめとして、中東に多くの政治的問題を残した三枚舌外交に代表される英国の「支配」と「裏切り」の歴史を思い浮かべるのではないだろうか。英国人改宗ムスリムの作家であるヤフヤー・バート氏も、チャールズ三世が英国王室きっての「イスラーム好き」であることは認めながらも、大英帝国の植民地支配の歴史、君主制の本質的な「反メリトクラシー」に言及しながら、英国に住むムスリムたちが無批判にチャールズ三世に魅了されてはならないと警鐘を鳴らしている。

一方でバート氏は、チャールズ三世の宗教理解に対して興味深い指摘をしている。一九九〇年代に、チャールズ三世は国王の称号「(その)信仰の擁護者(Defender of the Faith)」から定冠詞 the を省いた「信仰の擁護者(Defender of Faith)」を名乗ることを提唱し、論争を巻き起こした。これは、キリスト教(英国国教会)の信仰を意図した The Faith から、多様な宗教的背景を持つ現代の英国社会を反映し、一般的な信仰 Faith の擁護者として英国王室を位置づけたい彼の意図の表れであるとされる。彼の多元的にも見える宗教理解は、フランスの形而上《けいじじょう》学者でイスラームに改宗したルネ・ゲノン(一八八六―一九五一)やドイツの形而上学者でイス

ルネ・ゲノン

フリッチョフ・シュオン

ラームに改宗したフリッチョフ・シュオン（一九〇七―九八）の「伝統主義学派」の影響であるといわれている。ルネ・ゲノンは一九世紀の啓蒙《けいもう》主義の物質主義的態度に反発し、現代西洋文明を本来の伝統的精神からの逸脱と捉え、西洋のギリシア哲学やキリスト教神秘主義、東洋のイスラームや仏教、道教に通底する「精神的伝統の究極的一致」を唱えた人物である。この伝統主義学派と呼ばれるサークルは、伝統的宗教の教えの中には程度の差こそあれ、共通する普遍的な真理が存在することを信じている。そして彼らは、イスラームの伝統の中でも特にスーフィズムに対する深い憧憬で知られている。

チャールズ三世はペレニアリズムを研究する学術機関であるテメノス・アカデミーの長年の後援者であり、トルコ・イスラーム美術にインスピレーションを受けたカーペット・ガーデンの設計なども単なる「イスラーム好き」というよりは、東西に共通する精神的伝統を認め、イスラーム美術をもって普遍的真理を追究するという彼の「伝統主義」的態度の表れなのかもしれない。

また、チャールズ三世は、英国人改宗ムスリム知識人マーティン・リングス（一九〇九―二〇〇五）による預言者ムハンマドの伝記『ムハンマド――初期資料に基づいた彼の生涯』や、彼のシェイクスピアに関する本のファンであることも知られている。マーティン・リングスはルネ・ゲノンやシュオンの思想に惹《ひ》かれ、シュオンの指導の許《もと》でイスラームのスーフィー教団であるシャーズィリー教団アラウィー流派の弟子となった。

マーティン・リングス

このマーティン・リングスが所属したシャーズィリー教団アラウィー流派は西洋やアメリカのエリート層で大きな影響力を持ち、特にイギリスでは「ムラービトゥーン（防衛者）」と呼ばれるイスラーム伝統主義学派の運動を生み出した。ムラービトゥーン運動の創始者イアン・ダ

イアン・ダラス

ラス（一九三〇―二〇二一）は元シェイクスピア俳優の作家だったが、イスラームに改宗し、修行を積んでシャーズィリー教団アラウィー流派の導師となる。彼のムスリム名はアブドゥルカーディル・スーフィーと言い、まさにスーフィーを自分の名前に入れている。彼は政治運動にも熱心で、特に金本位制の復活を通して現代国民国家の打倒を唱え、彼の思想に影響されイスラームに改宗した欧米の左派知識人は多くいる。イアン・ダラスは、晩年は南アフリカ共和国のケープタウンに移住し、そこでスーフィズムの修行場を設け弟子の指導にあたった。

　チャールズ三世隠れムスリム説の文化的背景のひとつとして、実はこのような白人の改宗イスラーム教徒たちのスーフィー教団を軸とした知的系譜がある。彼らはイスラーム文明のアラブ、インド・ペルシア、トルコ、マレー・インドネシア、アフリカ文化に並ぶ、独自の「アングロ・イスラーム」の知的伝統を、スーフィズムの師匠と弟子の系譜を軸として築いてきたのである。

第四章

スーフィズムの修行（1）
——心の型

السلوك في التصوف: اللطائف

知識とは、真理を知ることだ。
真理とは、汝《なんじ》自身を知ることだ。
お前は汝自身について何も知らない。
ならば学びに何の意味があろう。

ユヌス・エムレ（一三―一四世紀トルコのスーフィー詩人）

あらゆるものの内、汝自身より最も汝に近いものはない。
汝が汝自身を知らないとすれば、
他のものをどうして知ることができようか？

ガザーリー『幸福の錬金術』（一一―一二世紀ペルシアのスーフィー）

心を形作る

本章では、スーフィズムにおける修行論の具体的な内容を見ていきたい。スーフィズムの修行論は大まかにいってふたつに分けられる。

ひとつ目は、人間の心のはたらきを分析する「心（ラターイフ）論」、ふたつ目は修行者の日常の作法や師匠との向き合い方、祈禱《きとう》や瞑想《めいそう》法を規定する「修行者の作法（アーダーブ・ムリード）論」である。そして心の分析と修行実践をつなぐジャンルとして、「神秘階梯《かいてい》（マカーマート）論」と「心の旅と実践（サイル・ワ・スルーク）論」がある。

トルコ語ではスーフィーの導師を「心の権威（ギョヌル・スルタン）」と呼び、スーフィズムは別名「心の学問（イルム・カルブ）」、「感情の学問（イルム・ウィジュダーン）」ともいわれるなど、スーフィーは心の在り方と心から生じる感情の分析を重視する。スーフィーの詩人や思想家は「自己を知る者はその主《あるじ》（アッラー）を知る」という預言者の言葉（アリーの言葉であるなど諸説あり）を引き合いに出しながら、自己の心の在り方を知ることは神の真理につながると主張する。しかしながら、スーフィズムにおける「心を重視する姿勢」を理解する際に注意しておくべき点がある。

しばしば、イスラームの概説書ではスーフィズムは「外面よりも内面を重視する神秘主義」、「イスラームの形式化を批判する改革運動」と説明されるが、この表現は誤解を招く。

なぜなら形よりも心を、外面よりも内面を重んじるものとしてスーフィズムを捉えてしまうと、スーフィーたちがなぜ日常の作法や祈禱の方法などの修行のやり方を事細かく規定したのかが理解できないからだ。実際にスーフィーの修行書を紐解《ひもと》けば、日常の呼吸法から、飲食の作法、特定の時間帯に唱える祈りの言葉や祈禱の数さえも厳しく決められている。例えば、ナクシュバンディー教団の修行では、毎回の義務の礼拝の後に「アッラー以外に神はなし」と千回きっちり黙禱することが決まっている。この祈りの言葉とそれを唱える回数は、真理の門に至る「鍵の形」であるとする。鍵の形が違っていれば決して扉は開かないように、そもそも鍵の種類が異なっていれば鍵穴には入らないし、祈禱の数を間違えれば鍵穴に入れることはできても回すことはできない。

スーフィズムの思想書を読んだりスーフィーの修行の現場を見たりする限り、スーフィズムはイスラームの一般的な教義よりもむしろよっぽど厳格な「戒律主義」にも思えてしまうくらいである。このような一般的に知られている「神秘主義」としてのスーフィズムのイメージと、実際に古典やフィールドワークから見えてくるスーフィズムのイメージとの乖離《かいり》は、スーフィズムが西洋の東洋学において「イスラーム神秘主義（Islamic Mysticism）」と訳されたことで、スーフィズムの神秘哲学的側面だけが注目され、スーフィズムが実際に包摂する他の側面——

特に戒律の重視や修行の多様性――が研究対象から抜け落ちてしまったからではないか。

この点において、東アジア文化圏、特に日本人である我々はスーフィズムを理解するためのより適切な語彙や視点を持っていると筆者は考えている。なぜなら、日本の伝統文化には精神を鍛えるためのさまざまな修行が存在するからだ。

筆者はスーフィズムにおける外面と内面、実践と心の関係性において、日本文化を代表する修行の伝統としての茶道に似たものを感じている。茶道では部屋への入り方から袱紗《ふくさ》のたたみ方、お茶の点《た》て方、お茶道具の拝見の仕方まで事細かに作法が決まっている。ただ抹茶を飲むだけなのに、下手な宗教よりも戒律主義の文化に見えてしまうくらいだ。しかし茶道の解説を読んでみれば、所作の型を厳密に追究することとあるべき心の在り方を探ることには、密接な関係があることが分かる。


ある茶人が、点前を習うことは、利休の所作をまね、それによって、利休の心をまねることだと書いておられたことがある。点前の型をたどることで、点前のもととなるはたらきと思いやりの心を自分自身のなかに再現し、人間的な成長をはかるというのが本来の稽古の姿であろう。

（岡本浩一『心理学者の茶道発見』）

筆者は茶道におけるこの「利休の所作をまね、それによって、利休の心をまねる」はたらきは、スーフィズムにおける修行と心の関係そのものだと考える。スーフィズムもまた日常のあらゆる場面での適切な日常作法、修行の「型」を探っていく過程の中で、人間の微細な心のはたらきを知り、理想の心の型を作り上げていくのだ。

イスラーム研究者である中田考は、スーフィズムを次のように定義している。

（筆者註：スーフィズムは）「形」に対して「心」を重視する、といったものではなく、むしろ、それは、「心」をも「形」に対応させる、つまり特定の心の状態をもたらすための行法の形式を定める、という方向性を持つものであった。それが「修行者の作法（アーダーブ・ムリード）」と呼ばれるものである。

（中田考『イスラームの論理』）

イスラームの戒律「シャリーア」には、礼拝など個人の宗教行為に加えて結婚、商売や遺産相続など人間の社会生活にかかわるさまざまな規定が存在するが、基本的に「心で何を考えているか」については戒律的な規定は存在しない。また人間が他人の心に踏み込むことは好ましくないと考えられており、カトリックの告解制度などと比べると、イスラームは個々人の内面は極めてプライベートなものだと捉えている。

しかし、スーフィーたちは宗教儀礼から社会生活に至るまで、人間のあらゆる行為には理想の「型」があり、さらにその「型」を習得することによって形成される理想の「心の型」までもが存在すると考えた。クルアーンで説かれている「神に身を委ねた心境」や「同胞愛」なども漠然とした道徳的メッセージではなく、そのような心の境地は理想のムスリムが会得するべき心の型のさまざまな種類であり、あらゆる心の在り方にはそれを習得するための特定の修行があるとスーフィーは考えた。

むしろ通常ムスリムが理解するシャリーアとそれに従った生活は、心の在り方を厳密に問わない点で不十分な「戒律主義」だと考えたのである。その意味において、スーフィズムとはむしろあらゆるものの理想的な型を追求する絶対戒律主義とも呼べる。

では、スーフィズムでは人間の行為の「型」と心の「型」の対応関係をどのように表現してきたのだろうか。

例えば一九世紀中国に生きたイスラーム思想家である馬聯元《ばれんげん》（一九〇三年没）は主著『天方性理阿文注解』の中で、人間の身体《からだ》と心の在り方を上の図のように四種類に分けて説明している。

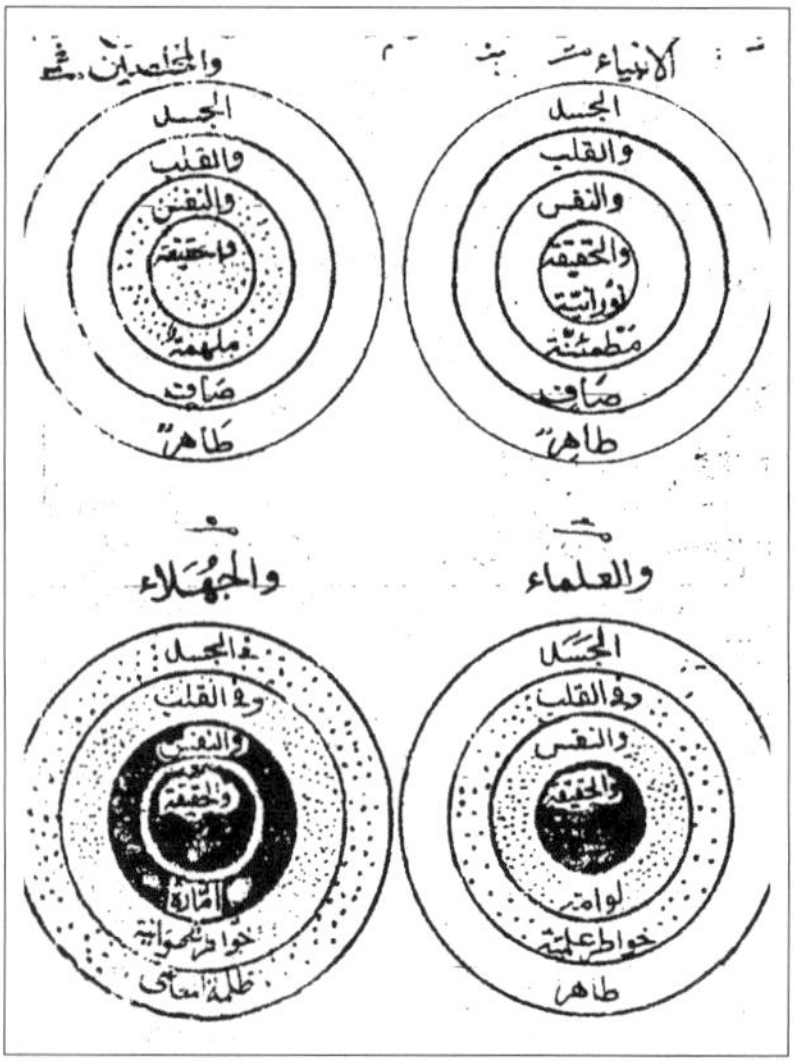

左上　スーフィー　右上　預言者
左下　無知な一般人　右下　学者

これらの円図形は外側から身体、心、魂（本性）、真心（真理を認識する心）の順番となっている。円の中の黒色や黒点は真理に至るのを阻む身体や心の「濁り」を表している。左下の円である無知な一般人は、心は動物的欲望にまみれ、本性は常に悪に誘《いざな》われているため、真心は全く働いていない。右下の学者は、イスラームの基本的な実践である礼拝や喜捨は行うため円の一番外側の身体は清らかである。しかし一方で、心は豊富な知識が足かせとなって常に雑念に悩まされている。知識と雑念の葛藤を抱える学者の本性は常に自己に反省的であるが、彼もまた真理に至る清らかな真心を持つには至っていない。

左上のスーフィーは長年の修行によって身体と心は磨かれ、一点の濁りもない。しかし、本性にはいくばくかの汚れがまだ残っている。馬聯元によれば、これはスーフィーとしての「驕《おご》り」を表しているのだという。なぜならスーフィーには長年の修行を積んできたという自負があり、この自負は我の意識を増大させる。この我を克服することができなければ、熟練のスーフィー修行者であろうと真理を理解するには至らない。そして欲望、雑念、我を克服した人間の理想形がアダムからムハンマドまでの歴代の預言者たちであるという。修行者は、先達の預言者やスーフィー導師たちの行跡をたどることで各々が内に抱える濁りや陰りを取り払うことを目指していく。

賢者（スーフィー）を真理から遠ざける障《さわり》は我の意識。
智者（イスラーム学者）の障は知識。

愚者（一般人）の障は欲望である。

劉智《りゅうち》『天方性理』

スーフィズムはこのように人間は身体、心、本性においてさまざまな「形」が存在し、さらにその心の形を作り出すさまざまな修行の「型」があると考える。各人の状態に応じて適切な修行の「型」を用いることによって心をあるべき形に作り上げていくことが、スーフィズムという学問と実践の営みに他ならない。修行者が預言者の慣行や過去のスーフィー修行者の日常倫理、祈禱法などを習い、熱心に自身の生活に取り入れようとするのは茶道の心と同じように「先人の所作をまね、それによって彼らの心をまねること」であり、「預言者、スーフィー修行者の型をたどることで、修行の基となるはたらきと心を自分自身の中に再現しようとする」試みなのである。

心の基本形と魂の発展

セルジューク朝の時代に活躍し、スーフィズムを神学、法学に並ぶスンナ派の正統学問として確立させたイスラーム中興の祖アブー・ハーミド・ガザーリー（一一一一年没）は『宗教基礎学四十の教理』の中で、人間の本性を次のように語っている。

人間は、様々な性質が混ざり合ってできている。すなわち動物的性質、猛獣的性質、悪魔的性質、君主的性質である。動物的性質からは欲望、強欲、驕りの感情が、猛獣的性質からは怒りや嫉妬、敵意、憎しみの感情が、悪魔的性質からは策謀や計略の感情が、君主的性質からは傲慢や自己承認欲求、権力欲といった感情が生まれる。以上の四つの基本的性質は人間の奥深くに練りこまれているため、決して取り除くことなどできない。理性とシャリーアによって支えられた信仰の光によってのみ、この暗い感情から我々は救われることができるのだ。

（ガザーリー『宗教基礎学四十の教理』悔悟の章）

人間の本質が何であるかは性善説や性悪説などさまざまな宗教や哲学によって異なるが、イスラーム、特にスーフィズムでは人間は生まれながらに暗くドロドロとした感情を内に抱え、常に悪への誘惑を受ける弱い存在であると考える。まずこの人間の心の基本の形を自覚することがスーフィーの修行道の始まりである。そして心に巣くう暗い感情や欲望、雑念は、シャリーアに従い人間の志向性を決定する魂（ナフス）を発展させることによって克服できるという。ここではシャリーアは日常倫理から礼拝や喜捨などの崇拝行為といったムスリムとして生きるための基本的な倫理規範を指す。さらにナクシュバンディー教団の修行書『内観の法学（フィクフ・バーティン）』では、人間の精神的成長の度合いによって魂は次の七段階に分かれると考える。

魂の発展段階

第一段階　悪を命じる魂

スーフィズムの修行を行っていない普通の人間の魂がこれにあたる。人間の本性である暗い感情や欲望に常に惑わされ、正しい道を見出《みいだ》せない状態である。

第二段階　非難する魂

スーフィズムの修行を始めたばかりの人間の魂である。修行を始めたことによって魂に光が宿り始めるが、いまだ過ちも犯してしまう。しかし過ちを犯すたびに後悔し、自分自身を責め、より良い人間になろうともがいている段階でもある。

第三段階　神に導かれる魂

後悔と反省を繰り返しながらも修行を続けていくと、あるときを境にアッラーからの神秘的導きが心に現われるようになるという。この神秘的導きをイルハームという。この段階の魂はあらゆる逆境を耐え忍び、神からの恵みに感謝するようになる。

第四段階　穏やかな魂

風がやんで海面が静かになった凪《なぎ》のように、心から雑念や葛藤が取り除かれた状態を指す。この状態に至ると修行者は社会の中にいても心は常に祈禱を通してアッラーとつながり、穏やかな境地を保てるという。

第五段階　満たされた魂

神の御心を理解し、自らの運命を神に委ねた境地のことを指す。良いことであろうと悪いことであろうとすべてアッラーの計画であると受け入れ、今このときを満たされた心で受け入れ生きようとする心の状態である。

第六段階　神が嘉《よみ》する魂

この状態では修行者の心からは我欲が完全に消え、神の手足となって神に帰依し、他者に尽くす。この状態の修行者は「神の行為の写し」と呼ばれる。

第七段階　完全なる魂

真理に達した完全な魂の状態を指す。この境地に達した修行者は「完全人間（インサーン・カーミル）」、「神の御名の写し」と呼ばれる。スーフィズムでは人間の完全性とは自己の救済ではなく、人々を導き（イルシャード）、完全さに至らせる（タクミール）ことだという。

以上、スーフィズムによる人間の心の状態と魂の発展による人間完成の概要を紹介した。スーフィズムではさらに、人間には感情のはたらきをつかさどる心のさまざまな部位（ラターイフ）があると考え、特定の部位に決まった祈禱を行うことで前記の魂の発展が達成できると考えられている。次章ではこの心の部位と祈禱法について紹介したい。

第五章

スーフィズムの修行（2）
——心を練り上げる祈禱

السلوك في التصوف: الذكر

修行なしに正しき心を練り上げることなど不可能だ。

アフマド・スィルヒンディー（一六－一七世紀南アジアのスーフィー）

心の探求

次頁で紹介する『NARUTO』の場面は、ナルトが自己に封印された妖狐《ようこ》「九尾《きゅうび》」の力をコントロールするための修行を始めるシーンである。この段階の九尾はナルト自身の悪意と呼応することでナルトを乗っ取ろうと常に狙っており、ナルトはまず自分自身の闇の部分に向き合うことになる。少年マンガなど青年の成長を描く「ビルドゥングスロマン（自己形成小説）」では、「自己の内面との対話」を通じてより深みのある自己を形成する成長過程が丁寧に描かれていることが多い。東洋の伝統的師弟制度を参考にしたといわれるアメリカのSF映画『スター・ウォーズ』シリーズでも、フォースと呼ばれる不思議な力を操る騎士「ジェダイ」は、修行の過程で己の内に秘める闇の部分（ダークサイド）と光の部分（ライトサイド）の拮抗《きっこう》に悩みながら各々の道を歩んでいく。スーフィズムでも自己の内面を深く掘り下げていく過程は修行論の土台を成す。己の弱さを自覚する人間観、心を磨くための修行論、修行中に訪れるさまざまな感情の揺れ動きを体系化する「精神の階梯《かいてい》論（マカーマート）」、実際に生きたスーフィー導師たちの生き様を伝える「徳行伝（マナーキブ）」などのスーフィズムの学問領域は「イスラームのビルドゥングスロマン」とも呼べる自己形成の伝統を作り上げている。

『NARUTO』52巻より ©岸本斉史/集英社
九尾チャクラをコントロールするため精神世界で自己と対峙するナルト

前章ではスーフィズムにおける人間の心の在り方と魂の七段階について説明した。スーフィーたちもさまざまな表現を使って人間の暗い内面を描いてきた。人間は生まれながらに嫉妬や虚栄心、権力欲など暗い感情を内に秘めているが、しかし人間の志向性を決定する「魂（ナフス）」を磨くことで自己を引き上げることができる。スーフィズムではこのような自己の発展を「精神昇華（タラッキー）」と呼び、それは心の深層に潜っていくことによって可能であるという。この深層性を持つ人間の心をスーフィズムでは「ラターイフ」という。

心の深層（ラターイフ論）

ラターイフはアラビア語ラティーファの複数形で、繊細で捉えがたく神秘的なものを指す言葉である。スーフィズムの修行論では精妙で幽玄な眼《め》に見えない心の深層を構成する精神器官を指す。同時にラティーファはアッラーが持つさまざまな名前のひとつであり、スーフィズムでは人間の微細な心のはたらきを制御し、精神を磨き上げると人間の心はアッラーの精妙さを映し出す鏡のようになると考えられている。スーフィー修行者は祈禱《きとう》修行を重ねることで、普段は感じることのない自己の奥深くまで潜り込み、魂を発展させ心を練り上げる。心の階層と祈禱の種類を対応させる方法はスーフィー教団では広く見られ、初期には中央アジアのクブラウィー教団で導入され南アジアでは、ナクシュバンディー教団革新派の祖アフマド・スィルヒンディーが祈禱法と結びつけ体系化したといわれる。

スーフィーのラターイフ論は時代や地域、思想家によって用法や意味が少し異なるが、大まかに次の七つが精神器官と考えられている。

1 「**鋳型**（カーラブ）」：ラターイフが入る型。礼拝や日常作法など、基本的な崇拝行為や徳行を積むことで磨かれ、他のラターイフが入る型が作り上げられていく。

2 「**魂**（ナフス）」：人間の志向性を決定する精神器官。修行をしていない状態では動物的本能や欲望に従う。スーフィー道を究めることで「完全なる魂」に昇華する。

3 「**心**（カルブ）」：真の自己を確立する土台となる精神器官である。カルブはアラビア語で「ひっくり返る」を意味し、修行中のスーフィー修行者の心の中ではさまざまな感情がうごめき合い、常に相対する感情の間を行き来している。

4 「**深奥の心**（シッル）」：不可視界の自己や他者の存在を知覚する精神器官。神との眼に見えない関係を結ぶ能力があるという。

5 「**霊**（ルーフ）」：神の意志に従おうとする精神器官。人間の心と身体《からだ》を神の意志を反映する宿り場へと変える能力がある。

6 「**深淵**《しんえん》**の心**（ハフィー）」：神から神秘的霊示（イルハーム）を受け取る精神器官である。

7「最奥の心（アッファー）」：真理（ハキーカ）とも呼ばれる。真の自己が確立された状態の心で、魂を「完全なる魂」へと昇華させる能力がある。

これらの精神器官ではカルブが最も肉体の表層に近く、アッファーが人間の内面世界の最も奥深くに位置している。より深い場所のラターイフを知覚できるようになることで、神から与えられるエネルギーを受け取ることができ、人間の志向性をつかさどる魂が磨かれていくという。

神の本質につながる「最奥の心（アッファー）」

シャー・ワリーウッラーは一八世紀南アジアで活躍したナクシュバンディー教団革新派のスーフィーである。彼は預言者の言行録（ハディース）を使いイスラーム思想の再解釈を提唱し、特にスーフィズムにおいては神秘哲学的側面と実践的側面のバランスを取ることを目指した。彼のハディース解釈を基にした方法論は南アジアを越えてイスラーム世界に広まり、近現代のイスラーム思想改革運動を作り上げたといわれている。シャー・ワリーウッラーも自身の著作『神に関する指南書』の中でラターイフを次頁のような円図を用いて説明している。

ナクシュバンディー教団革新派では、この図のように人間は可視界の五つの要素と、不可視界の五つの要素によって成り立っているとする。そしてふたつの世界は、「最奥の心（アフファー）」によってつながっている。

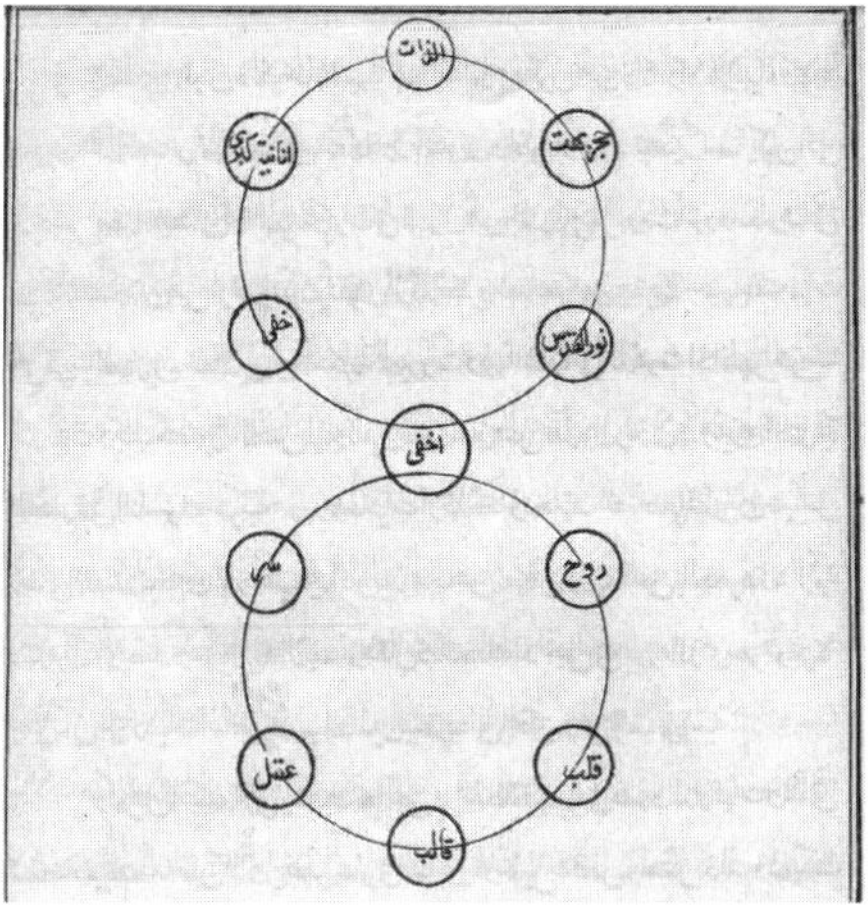
シャー・ワリーウッラー『神に関する指南書』より

下の円図で示されている物質世界における人間は、上から時計回りに、

「最奥の心（アフファー）」

「霊（ルーフ）」

「心（カルブ）」

「鋳型（カーラブ）」

「理性（アクル）」：物事の本質を知覚する器官。

「深奥の心（シッル）」


つづいて上の円図で示されている神的世界における人間は、上から時計回りに、

「本質（ザート）」：神の本質、真理を表す。
賢者の石：イブン・アラビー学派の専門用語で、神の本質を映し出し、身体と心を神秘的な光で満たすもの。
聖なる光：運命を明らかにする光。
「最奥の心（アフファー）」
「深淵の心（ハフィー）」
大いなる自我：我欲を消滅させ、神の僕《しもべ》としての自己を確立した自我。

上の円図は、神の真理に近づいた「聖者（ワリー）」や預言者が持つ神秘的能力と精神器官を表しており、下の円図は普通の人間の精神器官を表している。このふたつの円図が重なり合う「最奥（アフファー）」を知覚し、修行を通じて精神力を高めていくとアフファーを扉として修行者は聖者や預言者の「心をまねる」ことができるようになる。そして人間の心はその最も深い場所を通じて、神の本質に近づくことができるのである。スーフィズムでは、人間の肉体は森羅万象を構成する四大元素（火・空気・水・土）を内包するミクロコスモスであり、人間の心は神の本質へと至る入り口と考えられてきた。自らを知ることは世界と神を知ることであり、スーフィズムにおける精神昇華とは自己の豊かさや能力を発見するような営みとは全く逆のプロセスである。自己を突き詰め理解できることはこの世界の豊かさと神の神秘であり、他者を知るために自己を知るのである。「自己を知る者はその主（アッラー）を知る」とスーフィズムで言われるのはそのためである。

心よ、心よ、なぜ悲嘆に暮れるのか。
どれだけ粉々に砕け散ろうとも、
汝《なんじ》は神秘に満ちた宝なのだ。
慈しみをもって汝を見つめよ。汝こそ世界の精髄、
汝の心は森羅万象を映し出す瞳なのだ。

シェイフ・ガーリプ（一八世紀トルコのスーフィー詩人）

すべてのラターイフは、神の祈禱の中に沈み込む。

オメル・ズィヤーウッディーン・ダゲスターニー
（一九―二〇世紀ダゲスタンのスーフィー）

『NARUTO』45巻より　©岸本斉史/集英社
仙術修行に励むナルト

心と祈禱
——魂の修行法と霊の修行法

スーフィズムで心の型と対応させる修行論は「魂の修行法（タリーク・ナフサーニー）」と「霊の修行法（タリーク・ルーハーニー）」に分かれる。魂の修行法を行うのは、前章で紹介した魂の発展段階に対応する心の状態を作り出す修行法を採用する流派で、霊の修行法は、前述のラターイフに対応する修行法を採用する流派である。

祈禱法は、声に出して祈禱を行う「有声の祈禱（ズィクル・ジャリー）」と、心の中で祈禱を行う「無声の祈禱（ズィクル・ハフィー）」に分かれる。また個々人で行う祈禱と、師や他の修行者たちと特定の時間に集まり共同で行う集団祈禱があり、集団祈禱はアラビア語で「アッラーの御前」を意味するハドラと呼ばれ、神の臨在を感じる場と考えられている。スーフィー教団内でも魂の修行法を採用するのか霊の修行法を採用するのか、有声か無声か、個人祈禱を行うのか集団祈禱を行うのかは時代や地域、導師ごとに異なり、また弟子に合った修行法を個別に指導することもある。本章では、ハルヴェティー教団とナクシュバンディー教団、シャーズィリー教団の例を紹介したい。

ハルヴェティー教団における魂の七段階と「七つの御名の祈禱法」

オスマン朝時代にアナトリア地方（現トルコ共和国のアジア部分）で大きな勢力を誇ったハルヴェティー教団は魂の修行法を採用する流派で、魂の七つの発展段階に応じた次の七つの祈禱を行うことで知られている。祈禱を続けることで、修行者は各段階でさまざまな徳を獲得するという。この修行は師と弟子の密なコミュニケーションによって行われ、弟子は心に去来したさまざまな感情やイメージをすべて紙に書いて師匠に渡す。特に、夢の解釈はスーフィズムの修行で非常に重視されている。そして、師匠がその都度感情のコントロール方法や夢で見たイメージの解釈を紙に書いて弟子に返す。修行中に使われた師匠と弟子の往復書簡は「ワーキアート」と呼ばれ、スーフィズムの修行の実態を知るための貴重な歴史的資料となっている。

第一段階　悪を命じる魂

十万回「ラーイラーハ・イッラッラー（神はいない。しかしアッラーはいる）」と唱える。この段階で克服すべき悪徳はケチ、強欲、無知、傲慢、煩悩、嫉妬、怒りである。魂がこの状態のとき、修行者は自らの欲望を体現するさまざまな獣を夢の中で見るという。もし獣が自分より強ければ悪を命じる魂に負けており、獣を制するようになれば次の魂の段階に上る用意ができているという。

第二段階　非難する魂

十万回「アッラー」と唱える。この段階の魂は、過ちを犯す自己を常に責めている状態である。この段階で克服すべき悪徳は非難、神以外のものに心酔すること、不正、自己嫌悪、羽目を外して遊ぶこと、高望み、卑下してふさぎ込むことである。

第三段階　神に導かれる魂

九万回「フー（彼）」と唱える。この段階からは悪徳をそぎ落とすことから、美徳を習得していくことが求められる。祈禱を通じてこの魂を確立すると、修行者は知識と謙遜、寛容さ、気前の良さ、ひたむきさ、知足、忍耐強さを得るという。

第四段階　穏やかな魂

七万回「ハイイ（永遠に生きる御方）」と唱える。この段階では修行者は、神に身を委ね、他者の悲しみに寄り添い、謙譲の精神を保ち、神への崇拝の心を欠かさず持ち、あらゆるものに感謝し、欲望から身を引く生き方を学ぶという。

第五段階　満たされた魂

九万回「カイユーム（自存する御方）」と唱える。この段階では修行者は神を常に想起し、至誠の境地を身につけ、神を怖《おそ》れながら神の与えたものに満足し、より厳しい修行に励み、周囲の人間には忠義を尽くすようになるという。また、この魂を身につけた修行者の中には奇跡を起こす者もいるという。

南アフリカに到着するユースフ・マカッサリー
Ian D. Colvin, Romance of Empire: South Africa より

インドネシア・マカッサルにあるユースフ・マカッサリーの霊廟　著者撮影

第六段階　神が嘉《よみ》する魂

五万回「ラフマーン（慈愛あまねき御方）」と唱える。この段階では修行者は神が持つ美徳を体現し始め、現世の欲望を捨て、優美な振る舞い、思慮深さを身につけ、純粋な心で神に近づくことができるという。

第七段階　完全なる魂

七万回「ラヒーム（慈悲深き御方）」と唱える。この段階で修行者に求められることは自己の救済ではなく、魂を燃やし他者を導くことである。

ハルヴェティー教団はオスマン朝時代のトルコだけでなく、エジプトやインドネシアなどにも広まっている。インドネシアのマカッサルにはユースフ・マカッサリー（一六九九年没）というハルヴェティー教団の導師の霊廟《れいびょう》があり、毎日多くの参詣客でにぎわっている。彼自身はインドネシアのスラウェシ島出身であるが、スーフィズムの師匠は、現在のサウジアラビアのマッカ（メッカ）・マディーナ（メディナ）にいたスーフィー導師たちである。アラビア半島で修行を積みインドネシアに帰った後は、オランダの支配に対する抵抗運動を組織する。最終的には南アフリカに流刑にされるが、ケープタウンのマレー系ムスリムコミュニティ設立に貢献したという。スーフィーたちが使っていた修行本や祈禱書には免許皆伝と師匠と弟子の系譜が書かれていることが多く、祈禱書を見ることで、スーフィーたちの何百年と受け継がれる修行の系譜や一地域に収まらないグローバルなつながりを知ることができる。

ナクシュバンディー教団におけるラターイフと祈禱法

これまで何回か紹介しているナクシュバンディー教団は霊の修行法を採用する流派で、弟子たちは身体の各所に宿る五つのラターイフ（心、霊、深奥の心、深淵の心、最奥の心）を祈禱によって活性化させ心の最奥に至ろうと修行を重ねる。

1 「**心**（カルブ）」：左胸の下にあるといわれる。黄色の光を発し、預言者アダムの管理下にある。

2 「**霊**（ルーフ）」：右胸の下にあるといわれる。赤色の光を発し、預言者ノアの管理下にある。

3 「**深奥の心**（シッル）」：左胸の上にあるといわれる。白色の光を発し、預言者モーセの管理下にある。

4 「**深淵の心**（ハフィー）」：右胸の上にあるといわれる。黒色の光を発し、預言者イエスの管理下にある。

5 「**最奥の心**（アフファー）」：胸の中央にあるといわれる。真理（ハキーカ）とも呼ばれる。緑色の光を発し、預言者ムハンマドの管理下にある。

また各精神器官は内面世界を正しい方向へと導く預言者とつながっていると信じられており、心はアダム、霊はノア、深奥の心はモーセ、深淵の心はイエス、最奥の心はムハンマドの管理下にあるといわれている。スーフィズムにおいて心の奥底を探求する営みは、修行者が祈禱を通して各ラターイフに光をともしていくことで、歴代の預言者の精神的境地を獲得し、「心をまねていく」過程である。ナクシュバンディー教団では基本的に、「アッラー」とひたすら唱え続ける「神の本質の祈禱」と、「ラーイラーハ・イッラッラー（神はいない。しかしアッラーはいる）」と唱える「絶対否定と絶対肯定の祈禱」を修行として行う。「絶対否定と絶対肯定の祈禱」は無声の祈禱法に則《のっと》り心の中で祈りを捧《ささ》げ、各ラターイフに精神力を巡らせることを目的とする。ナクシュバンディー教団の祈禱法は、次のような順序で行う。

1 舌を口蓋につける。
2 呼吸を止め、「ラー（la）」の言葉を胸の中央（アフファー）から頭（ナフス）に送る。
3 「イラーハ（ilaha）」の言葉をナフスから右肩を通り、ルーフ（右胸の下）、ハフィー（右胸の上）に送る。
4 「イッラッラー（illallah）」の言葉をハフィーからシッル（左胸の上）に送る。
5 シッルからカルブ（左胸の下）に息を止めた力をぶつけるイメージでカルブに送る。カルブに祈禱の言葉を送るときに、その衝撃で熱が体全体に広がり暗い感情を焼き切るように想像する。
6 息を止めるのが苦しくなったら息を吸う（なるべく祈禱が三回目、五回目など奇数回のときに休む）。その際、「神よ、あなたこそ我が目標、あなたの喜びこそ我が望み」と唱える。

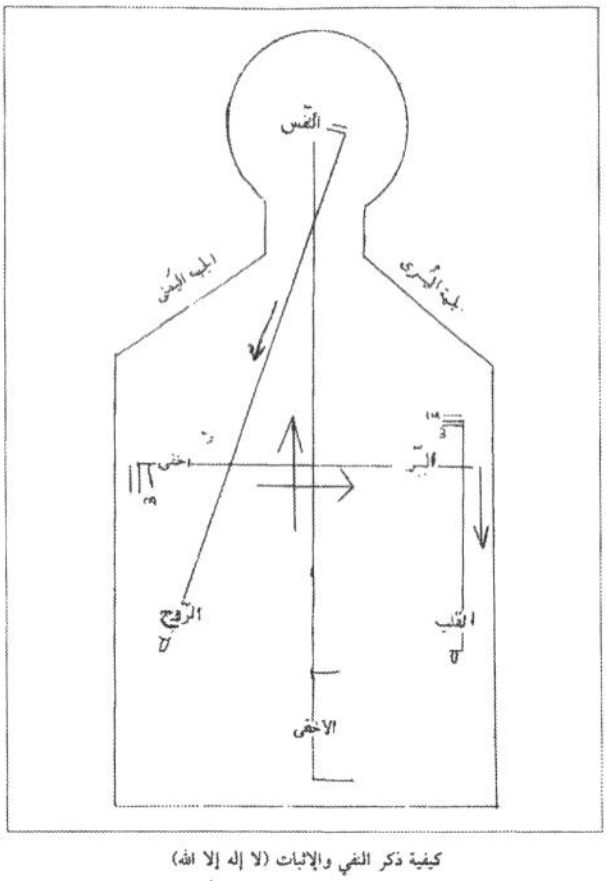

ナクシュバンディー教団のラターイフと祈禱の対応図

魂の修行法では祈禱の種類は人間の精神や感情の発展段階に対応したものであるため、次の段階に至るまでに何十年とかかったり、ついには最後の段階までたどり着けなかったりすることも多々ある。人間そう簡単に嫉妬心を消し去り純粋な心を獲得できるわけがない。一方、霊の修行法は、一回の修行の中でカルブからアフファーまで「絶対否定と絶対肯定の祈禱」の力を巡らせ、そのエネルギーを魂に経由させることで魂の発展を目指すことを目的とする。

また後の章で改めて紹介するが、ナクシュバンディー教団には「社会の中の隠遁《いんとん》」という心得があり、この霊の修行法は特定の修行場に籠もったりするのではなく、社会の中で日常生活を送りながら心の中では常に祈禱を続けるような習慣を身につけていくことが求められる。

集団祈禱とスーフィー詩

スーフィーの祈禱修行は前記のように個々人で行うものもあれば、導師と修行者が集い集団で行うものもある。例えば、一三世紀モロッコで活躍したアブー・ハサン・シャーズィリーによって開かれたシャーズィリー教団は中東に広く存在しているが、彼らは木曜日か金曜日に集団祈禱を行う。特に神の愛を讃《たた》える神秘詩（カスィーダ）を歌いながら祈禱修行を行うことが特徴である。一例を挙げると、アラブのスーフィー詩人イブン・ファーリド（一二三五年没）が詠んだ神秘詩は、祈禱修行の際に最も好まれて使われる詩である。

あなたこそ我が義務、我が献身の的
あなたにこそ我が言葉　四肢を捧げる
あなたこそ我が礼拝の向かう先　あなたにこそ礼拝を捧げる
あなたの美しさは我が眼を覆い　私は我がすべてを神に向ける
あなたの内奥は我が心の内に　心はあなたの顕《あらわ》れの頂に

イブン・ファーリド（一一八一—一二三五　一三世紀アラブのスーフィー詩人）

このイブン・ファーリドの詩でも、神の心と人間の心が両者の心の奥深くでつながっていることが詠《うた》われている。集団祈禱では修行者が一列、あるいは円を成して神の名を唱え続け、断食月などの特別な期間では夜通し行われることも珍しくない。

以上、スーフィズムにおける祈禱修行の概要を紹介した。次章では、スーフィズムの修行中に修行者の心の中に現われるさまざまな感情について紹介したい。

コラム　スーフィズムと女性

スーフィズムの古典の著者やスーフィー教団の導師として知られているのは男性が多いため、スーフィズムにおいて女性の果たした役割が分かりにくいと思われる方もいるだろう。実際には、スーフィズムの初期から女性は重要な役割を果たしている。例えば、スーフィズム初期の著名なスーフィー思想家であるスラミー（一〇二一年没）は女性のスーフィー列伝を書いており、そこには八十人以上の女性スーフィーの名前と徳行が記されている。その中でも最も有名なのはラービア・アダウィーヤであろう。アッラーへの愛を情熱的に訴えた彼女の詩は、スーフィズムにおける情愛論に影響を与えたといわれている。

ラービア・アダウィーヤのイメージがあまりにも強かったのか、女性とスーフィズムというと詩や情愛に注目が集まりがちだが、一五―一六世紀シリアのダマスカスで活躍したアーイシャ・ビント・ユースフ（一五一七年没）も忘れてはならない。彼女はクルアーン解釈学やハディース学、法学も修めた女性のイスラーム学者で、詩作だけでなく、伝統学問としてのスーフィズムを学び、実践した人物でもあり、近代化以前のイスラーム世界で最も多くの学術書を遺《のこ》した女性イスラーム学者兼スーフィーだといわれている。

またアナトリアのイスラーム化を促進した重要な組織として、女性スーフィーの任俠《にんきょう》組織「バージヤーン・ルーム（ルームの女傑団）」がある。ルームの女傑団は一三世紀に存在した女性組織で、あまり歴史資料が残っていないのだが、トルコのスーフィー教団であるベクタシー教団では教団内の女性修行者が「バージ」と呼ばれていたこと、他にもアナトリアのいくつかのタリーカでは男性導師の妻を「母なるバージ」と呼んでいたことから、スーフィー教団、特にベクタシー教団とかかわりの深い組織だったのではないかと考えられている。

バージヤーン・ルームの創始者といわれるファトマ・バージはスーフィー導師アウハドゥディーン・キルマーニーの娘として生まれ、トルコのアヒー集団（スーフィズム的道徳を紐帯《ちゅうたい》とした任俠・ギルド集団）の創始者であるアヒー・エブラーンの妻であったといわれている。文武両道の女性として知られ、ルーム地方へのモンゴル軍の侵攻に対してファトマも馬に乗り弓矢で立ち向かったという逸話が残っている。またルームの女傑団はギルド的側面も持っており、ファトマ・バージが団員の女性たちに伝えた手工芸なども民間の伝承として残っている。

ルカイヤ・ニアース

ザイナブ・カーシミー

他にも、女性のスーフィー教団の修行者や導師は、イスラーム世界の各地でいくらでも存在する。例えば、一九世紀アルジェリアのラフマーニーヤ教団導師ザイナブ・カーシミー（一九〇四年没）、セネガルのティジャーニー教団ニアース流派の祖イブラーヒーム・ニアースの娘であるルカイヤ・ニアース（一九三〇—）は有名である。

このようにスーフィズム史では、思想・組織両面において女性はかなり中心的な役割に居続けており、今後のさらなる研究が待たれている。

第六章

心の境地（1）

المقامات

人間と神の間には千の境地がある。

聖者ヒドルの格言

千の境地とは神の許《もと》へと向かう旅人が立ち寄る宿処である。
旅人はひとつまたひとつと宿処を歩き登っていく。

アブドゥッラー・アンサーリー（一一世紀アフガニスタンのスーフィー）

心の境地の獲得

スーフィズムの修行者は「魂の修行法」や「霊の修行法」などさまざまな祈禱《きとう》法を編み出し、各人の心を磨くことを志す。しかし修行を行う中で、人間はさまざまな「雑念（ハワーティル）」に直面することとなる。この雑念は放っておくと心をどんどん曇らせていき、神の真理から遠ざけてしまう。修行者は自身の心に生まれるさまざまな感情を理解し、心を正しい方向に向かわせることで、このような雑念を克服できると考える。雑念に動かされない不動の境地のことを「階梯《かいてい》（マカーム）」といい、さまざまな境地を獲得する修行者の心理的変移を、「神秘階梯（マカーマート）」と呼ぶ。

スーフィズムの修行者は「求道者（サーリク）」とも呼ばれ、神秘階梯は真理の道を歩む旅人が旅の過程で立ち寄る宿処になぞらえられる。見ている対象が同じでもそのときの感情で全く違うものに感じることがあるように、神に至る旅の景色も旅人の心情によって刻一刻と変化するのだ。

神秘階梯の過程の内、修行を行う中で心に到来する相反する感情のことを「心情（ハール）」、特定の修行を終えるごとに獲得する心の境地をマカームと呼ぶ。ハールは不安定で修行者の心を行ったり来たりし、修行者はハールに囚《とら》われて修行の振り出しに戻ったり、立ち止まったり、あるいはハールに支えられ修行がスムーズにいくこともあったりする。一方マカームは、さまざまなハールを乗り越えた後に獲得できる確固たる心の境地で、一度上の段階のマカームに到達すれば、何があろうと下のマカームに下がることはないといわれている。

アクションゲームに喩《たと》えれば、マカームは各ステージで設定されているセーブポイント、ハールはその道中にあるさまざまな障害やゲームの攻略を助けるアイテムのようなものだろうか？
「心情（ハール）」とは「喜び」と「悲しみ」、「不安」と「安心」など相対する感情のことを指し、修行者は常に相対するふたつの感情の間を揺れ動くという。両極の感情の中でバランスを見つけていくことが大切で、喜びも度が過ぎれば気のゆるみとなり、悲しみも度が過ぎれば絶望に転じてしまう。心の旅はいつも順調にいくものではなく、時として修行者は感情に押し負け歩みを止めたり、後退したりしてしまうこともあるという。心が葛藤を抱える不安定な状態のことを「心に雑色がついた状態（タルウィーン）」と呼び、スーフィーの導師は自分の弟子の心がどのような心情の間で迷っているかを見つけ出して、弟子が雑念に惑わされずに次のマカームへ進むよう導くことが求められる。さまざまな心情の間で揺れ動く「雑色の心」の状態から、確固たる境地へと心を変化させることを、「心が統御された状態へと導く（タムキーン）」と呼ぶ。導師は忍耐強く弟子の心に寄り添い、かつ弟子は祈禱などの特別な修行だけでなく、日常生活を送るときも自らの感情一つひとつと丁寧に向き合っていく。

またスーフィーは一般人の見ている外界とは自らの「心情（ハール）」が作り出した幻影であり、その外界に執着している限り神が造り出した「真実の世界」は隠されたままであると考える。修行者は自己を含めた神以外のものへの執着心を生み出す感情をコントロールしていくことで、神の真理に至ることができると信じる。

恩愛を断ち切り妄縁を取り除け。
今この時から一歩一歩前進し、
道の岸に登り真元（神）を見よ。

劉智《りゅうち》

神秘階梯の数は百、九十九、四十とスーフィーによって解釈が異なるが、「スーフィー修行の基礎となる境地」、「日常生活を送る上での境地」、「修行中に深められる境地」、「神秘的知識を獲得するための境地」など修行者の段階によって大まかに分かれている。本章では修行の基礎となる心の境地をいくつか紹介したい。

「悔悟（タウバ）」

悔悟はあらゆる修行を始めるための「心の出発点」となる境地である。スーフィズムにおいて最も重要なキーワードであるといってよい。タウバはアラビア語で「向きを変える」という意味で、「過ちを犯している状態から償いの道へと向き直る」ことを指す。スーフィズムでは人間は弱い存在であり、罪を犯すことを人間の本質のひとつと考えている。もちろん罪を犯さないに越したことはないが、大切なのは過ちを犯したときに自らの弱い本性を見据えること、そして誤ってしまった過去を悔い、そこからどう立ち直るかを考えることであるという。

アッラーの数ある名前のひとつ「タウワーブ」もタウバからくる行為者名詞で、「悔悟し、後悔する者と向き合い、赦《ゆる》す御方」を意味する。後悔の念はスーフィズムにおいてアッラーと向き合う機会を人間に与える重要な感情として考えられている。

サウジアラビア建国の理念となったワッハーブ主義に影響を与えた中世のイスラーム学者イブン・タイミーヤ（一三二八年没）の弟子の中で、最も卓越した存在であったイブン・カイイム・ジャウズィーヤ（一三五〇年没）は、スーフィズムに造詣が深いことで知られている。ワッハーブ派はスーフィーやスーフィー教団に対する強烈な批判で知られているが、イブン・カイイム・ジャウズィーヤはスーフィズムに関する著作を多く遺《のこ》し、なかでも神秘階梯論を説いた『旅人たちの階梯』は名著である。『旅人たちの階梯』の悔悟の章で彼は罪について次のように語っている。

もし犯した罪が後悔の念を生み出すならば、
罪はさまざまな崇拝行為より有益な場合もある。

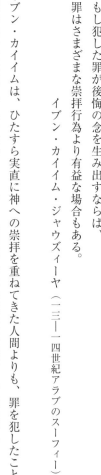

イブン・カイイム・ジャウズィーヤ（一三－一四世紀アラブのスーフィー）

イブン・カイイムは、ひたすら実直に神への崇拝を重ねてきた人間よりも、罪を犯したことで後悔の念を胸に抱き、心を改めようとする人間の方が尊い境地に到達する可能性があることを示している。

ハーシム・アシュアリー

インドネシアの伝統イスラーム学の大成者ハーシム・アシュアリー（一九四七年没）は、スーフィズムの祖アブー・ターリブ・マッキー（九九六年没）の主著『心の糧』を参照し、次のように述べている。

イスラームの聖者が罪から守られている、というのは過ちを犯さないということではない。誤ったときにすぐに悔い改め、神と向き合う心があるということである。

またオスマン朝期のバイラミー教団には入門の象徴として弟子に悔悟を宣言させ、導師が「お前の罪を赦した」と答えるイニシエーションがあった（現代トルコでもナクシュバンディー教団のいくつかの流派がこの儀式を受け継いでいる）。これは導師が神の代理人として罪の赦しを行うという意味ではなく、過ちからは逃がれられない人の業を理解した弟子の心を受け入れる、という意味である。

スーフィズムが説く人間の理想像として「完全人間（インサーン・カーミル）」という考えがあるが、これは罪を犯さない完全無欠の人間という意味ではない。過ちから決別するのではなく抱えて生きていくような、罪と「向き合う（タウバ）」覚悟を持った人間のことを指すのである。悔悟の境地は心の出発点にしてあらゆる境地の土台となるものであり、修行者は常に悔悟の境地を心に秘めながら、日々を生き修行に勤《いそ》しむことが求められる。スーフィーたちが好んで引用するハディースに次のようなものがある。

マーリク・イブン・アナスは、預言者（祝福と平安あれ）が次のように述べたと伝えている。アダムの息子は皆過ちを犯す。しかし過ちを犯した者の中で最も優れているのは、悔い改める者である。

悔悟の境地を確立した人間には、神の怒りに対する畏れの感情が常に湧き上がるようになるという。修行者は、次にこの「畏れ」をコントロールする段階に登っていく。

「畏れ（ハウフ）」

自らの弱さと過ちに気づいた修行者の心には、神の罰を怖《おそ》れる恐怖の念がまとわりつくようになる。アッラーには過ちに罰を与えるジャラール（峻厳《しゅんげん》）な側面と人間に赦しを与えるジャマール（愛）の側面があるが、修行者はまず神のジャラールな側面から畏れに心の軸を置きながら自らを省みる。しかし神秘階梯を登っていくにつれ、修行者は人の罪をも溶かす熱い「神の愛」の理解を深め、希望の念を培っていくことで最終的には畏れと希望のバランスを心の中に作り上げるという。畏れの感情は罪へと人を誘う欲望を抑えようとする節欲の境地の土台を作り、希望はこの世の不条理を乗り越える忍耐の境地の土台を養う。

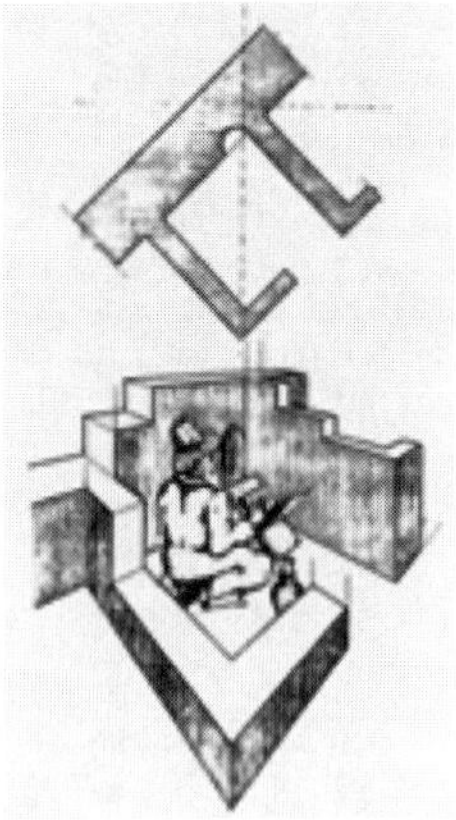

隠遁部屋の図

Beyhan Karamağaralı, “Ereğli Şeyh Şihâbüddin Sühreverdî Külliyesi Kazısı”, VII. Vakıf Haftası (5-7 Aralık 1989), Ankara 1990, 266. より

「節欲（ズフド）」

スーフィズムで似た概念に「節制（ワラア）」があるが、ズフドは魂から生じる欲望を抑えることであるのに対して、ワラアは自らを罪に引き込みそうな疑わしい行いを慎む精神のことを指す。欲望を抑える修行は「魂の教育」、「克己と魂の作法」と呼ばれ、祈禱論に並ぶ独立したジャンルとして多くのスーフィーたちが解説書を遺している。この節欲の境地を獲得するために、スーフィーは「少し話し」、「少し食べ」、「少し眠る」という「三少」という実践を日常生活の中で行う。

さらに経験を積みたいスーフィーは、一定期間スーフィーの修行場に設けられた隠遁《いんとん》部屋に籠もり、三少を徹底する。隠遁部屋では修行者は祈禱修行をひたすら行い、一日の食べ物はパン一切れと水一杯、寝るときも完全には横にならず、座った姿勢で二、三時間だけうたた寝する。うたた寝しているときに何か夢を見たり、祈禱中に特定のハールが心に去来したと感じたりしたときは、紙を介して導師と連絡を行う。

「忍耐（サブル）」

後悔と畏れ、節欲を身につけた人間はこの世のあらゆる不条理や困難を乗り越える「忍耐」の境地を得るという。忍耐は「信仰の半分」といわれるほどイスラームでは重要な徳目とされている。ガザーリーは、『宗教基礎学四十の教理』の中で「忍耐」が人間を人間たらしめる特性であると説いている。彼によれば、人間は獣の特性と天使の特性を心に持っているが、獣はただ欲望だけに従い、天使はただ神の意志に従う。獣にも天使にも心の葛藤はないが、人間はふたつの特性を持つがゆえに常に葛藤を抱えているという。スーフィズムでは、欲望や弱い感情に身を任せるか、強い意志で我が身に降りかかるあらゆることを耐え忍ぶかという選択を行うことに人間の尊厳が宿ると考える。また忍耐の境地の継続のためには、人間を愛によって導こうとしている、神のジャマールの側面を見据え、希望の念を抱くことが大切であるといわれる。希望に支えられた忍耐の境地は、「諦念（タワックル）」の境地へと修行者を誘《いざな》う。

世界をあるがままに受け入れる──メルケズ・エフェンディの境地

スーフィーたちが修行の果てに獲得する心の境地がどのようなものであるかは、スーフィーの徳行や逸話を伝える「スーフィー列伝」というジャンルでよく語られる。「基礎の境地」を練り上げていき、到達する境地のひとつに「諦念」という心がある。

導師は、弟子の心情や境地を測るために、しばしば禅問答の公案のような問いを弟子に投げかける。オスマン朝のスーフィー列伝で有名な「諦念」の境地の逸話として、メルケズ・エフェンディの「問答」がある。

ハルヴェティー教団の導師スンブル・エフェンディ（一五二九年没）は、弟子たちに次のように問うた。

「この世を変える力があるならば、お前たちは一体どんな世界を望むか？」

ある弟子は「この世から悲しみや悪、罪人を消し去りたい」と答え、別の弟子は「この世を来世のように美しいものだけで飾りつけたい」と答えた。また別の弟子は「あらゆる人が喜びを見出《みいだ》し、困難に苦しむ人が答えを見つけ、すべての病人が癒やされる穏やかで幸せに満ちた世界が欲しい」と答えた。

弟子たちは各々が望む理想の世界を答えたのである。

スンブル・エフェンディは最後に残った弟子の方を向き、「お前はこの世界をどんな風に変えたいと望むか？」と問うた。

彼は次のように答えた。

「神以外にこの世をよく知る存在はいないでしょう。私は無力な人間に過ぎない。自己を知る者は神を知るといいます。あれがこうであったら、こうでなかったら、などと一介の人間が言えるでしょうか。神が造った現世のあらゆるものには、きっと意味や叡智《えいち》が込められているのでしょう。ならば、世界はこれでよいのです」

スンブル・エフェンディはこの弟子の答えに満足し、こう答えた。

「お前は世界の『核心（メルケズ）』を見つけたのだ。これからお前はメルケズと名乗りなさい」

メルケズ・エフェンディの「これでよい」との答えは、決してこの世の理不尽をただ受け入れる諦めの感情ではない。人間の弱さを認め、この世を自分の尺度だけで測ることを戒め、あらゆるものを静かに受け止めながら、真理の道を歩まんとする不動の境地を表す言葉なのである。執着心を持たず世界をあるがままに見つめることのできる者が、実は世界の核心をつかみそのすべてを手にすることができるのである。

第七章

心の境地（2）

أحوال المريدين

神のしもべとは自由であることだ。
自由とはいかなる被造物にも支配されず、
あらゆる権力の軛《くびき》から解放されることである。

ビルギヴィー（一六世紀トルコのスーフィー）

虚構を取り除く

引き続き「神秘階梯《かいてい》（マカーマート）」の紹介をしたい。スーフィーによれば、人間の心は自分や他人が作り出した実体を持たない、リアリティのない虚構や幻想に囚《とら》われているという。「悔悟（タウバ）」によって自らの弱さや業を受け入れ、世界と真摯に向き合う「諦念（タワックル）」の境地を会得し始めた修行者は、次に心を縛る幻想を取り除く境地の獲得を目指す。人間の心を支配しようとする「実体を持たない虚構」をアフマド・スィルヒンディーは「心の中と地上に巣くう神々」と呼び、それを打ち破ることが修行の本質であると説いた。実際に人間社会は「社会制度」や「お金」、「国境」など多くの決まり事によって成り立っている。お金は記号でしかなくそれ自体に価値はないし、国境沿いに行ってもそこにあるのは地面や海である。虚構によって人間は生かされもするし、生きる場所を奪われもする。

　スーフィズムは価値があるように見えて、実は実体のない「虚構（ワフム）」から心を解放し、真理を見つめるための眼《め》を養う営みである。この真実を見極める眼のことをスーフィズムでは「心眼（バスィーラ）」と呼ぶ。実体のないものを見抜くためには見えないものを分析する訓練が必要である。人間にとって最も身近な「眼に見えない、分かりにくいもの」が心であり、心を磨く営みは人間を取り巻くさまざまな見えない決まり事やシステムを知り、そのはたらきを理解するための土台を作るのである。

「充足（リダー）」と「服従（タスリーム）」

「充足（リダー）」の境地を獲得するために、しばしば導師は「貧しさ（ファクル）」、「豊かさ（ギナー）」について弟子と対話を重ねる。貧しさというとお金がない、食べ物がないなど何かがない状態を思い浮かべるが、アラビア語では「貧しさ」とは常に何かを必要とする不安定な状態を指し、一方「豊かさ」とは自立自存し、何かに依存していない状態を指す。スーフィズムでは人が何かがないことに苦しむとき、そのほとんどは自らの心が作り上げる虚像であると考える。「貧困」とは多くの場合、他人や自分の理想と比べたときに湧き上がる惨めさなど「心理的なつらさ」を指していることが多い。他者との比較の中で自らの「貧しさ」、「豊かさ」を決めている限り心は不安定な状態に陥ってしまう。現世のいつ変わるかもしれない基準に自らを当てはめず、真理の道を歩むことが本当の豊かさであるとスーフィーは考える。そして自らを苦しめていたものが、実はリアリティを持たない想像上の貧困であることに気づき、それに惑わされない豊かな自己を確立した状態が「充足」の境地である。

スーフィーは、決してこの世に存在するあらゆる貧困は本人の心持ち次第と言っているわけではない。それはただの現実逃避であり、今直面している課題の解決を「先延ばしにすること（タスウィーフ）」はスーフィズムでは厳しく非難されている。今日食べるご飯にも困るというリアリティのある貧困に対して、スーフィー教団は喜捨や寄進などのイスラーム法によって運営される社会援助システムを用いて対処する。例えば、イスタンブールにあるアズィーズ・マフムト・ヒュダーイー・モスクというイスラーム導師の霊廟《れいびょう》が隣接しているモスクには、無料の食堂がある。ナクシュバンディー教団系財団によって運営されているその食堂は、「ホームレスと学生は無料」というルールで、私も学生時代には友人、ホームレスの人たちと一緒に並んで毎晩フライドポテトとチキンスープを食べていた。

食事を作り他人に奉仕することはスーフィーの重要な修行のひとつであり、特に旋回舞踏で有名なメヴレヴィー教団では、料理法が体系化された指導書が遺《のこ》されている。メヴレヴィー教団における「スーフィー料理」については、第十章で改めて紹介したい。

アズィーズ・マフムト・ヒュダーイー・モスク　著者撮影

さらに充足の境地を支える生き方に「知足（イクティサール）」というものがある。知足とは「自分にとって本当に必要なものは何か」を知り、今、神から与えられている恵みに満足することを指す。第六章で紹介したスーフィー修行場での「少し話し」、「少し食べ」、「少し眠る」を実践する「三少」も、日常の生活から無駄をそぎ落とすために自分にとって最低限必要なものは何なのかに気づくための修行である。

知足の心を育むことで神への「服従（タスリーム）」という境地を確立していくことができる。服従とは神によって与えられた運命を受け入れる心の器を形作る営みを指す。

北アフリカのスーフィー導師イブン・アジーバ（一八〇九年没）によればこの「服従」の境地は、最初は忍耐と努力によって、そして神に対する不満や怒りを抱えながら、最終的には穏やかな心で自らの運命を受け入れるということによって達成されるという。充足は自らの現在の状況を受け入れる境地であるのに対し、服従とはこれからやってくるさまざまな困難に対する覚悟を指す。しかしイブン・アジーバによれば、心の弱さは人間の本質であり、困難に直面した直後はいかなる修行を積んだスーフィーであっても心の中に動揺や雑念が生じるという。服従の境地の到達点とは悩みの全くない状態ではなく、自らの悩みを受け入れコントロールする心のしなやかさのことである。

善き哉《かな》
神が与えし困難も
神が与えし恩寵《おんちょう》も

ユヌス・エムレ（一三―一四世紀トルコのスーフィー詩人）

「反省（ムハーサバ）」、「省察（ムラーカバ）」、「観照（ムシャーハダ）」

反省、省察、観照は自らの意識や注意を外面から始まり徐々に内面へと深化することで精神の集中を図る境地である。反省とは自らの振る舞いを省みて、日々の行いを改めることである。省察とは神が常に自分を見ていることを意識し、心を統御する境地を指す。省察の境地を会得するにはまず、自分が普段どれだけ周囲の眼に振り回されているかに気づく必要があるという。修行者は周囲の期待や誤解、プレッシャーに流されずに神が自分に何を求めているのかだけに集中することで、心の揺れ動きをコントロールする。観照とは、「あたかもアッラーが見えているかのように」日々を過ごすことを指す。この境地は、預言者ムハンマドが説いたイスラームの信仰の完成形である「至誠（イフサーン）」を表すともいわれている。以上のように自らの行いを省み、周囲の眼に惑わされる心を戒め、神だけに意識を集中していく精神統一の過程が反省、省察、観照の境地である。

「自由（フッリーヤ）」

イスラームでは元々「奴隷」の対概念として「自由人」という用法があったが、思想としての自由はスーフィーたちが最初に使用し始めたとされる。スーフィズムにおいて自由とは、自我が生み出すさまざまな欲望や雑念、権力や地位から離れ真理だけを求める境地のことを指す。九一一〇世紀に活躍したスーフィーのハキーム・ティルミズィー（九〇五—九一〇年の間に没）はイスラームの信仰告白は「自由と隷属からの解放」であるとした。自由とは個々人が主体的に選び取ることで、神から恵みとして与えられるものであると考えられた。

自由とは被造物の隷属から逃れることであり、他者の軛を断ち切ることである。

自由とは欲望の隷属からの解放である。

クシャイリー（一一世紀ホラーサーンのスーフィー）

スーフィズムの自由論は彼らの社会思想や政治思想の土台にもなっている。シリア・ムスリム同胞団のイデオローグであり、スーフィズムにも造詣が深かったサイード・ハウワー（一九八九年没）は、現代社会における自由は、あくまで欲望を最大化する動物的自由に過ぎないとして厳しく批判し、「イスラーム的自由」の精神的復興を説いた。

また北アフリカや南アジア、中央アジア、東南アジアなど世界各地で西洋植民地主義に対抗したイスラーム運動の多くは、スーフィー導師の率いたものであった。興味のある方は、イタ

オマル・ムフタール

サイード・ハウワー

リアによるリビア占領政策に立ち向かったサヌースィー教団のオマル・ムフタール（一九三一年没）を描いた映画『砂漠のライオン』（一九八一年）をご覧いただきたい。

「死の想念（ズィクル・アル＝マウト）」

「武士道と云《い》うは死ぬ事と見付けたり」とはかの有名な武士道の書『葉隠《はがくれ》』の一節だが、スーフィー修行には「死の想念」という境地がある。死の想念とは、この世の儚《はかな》さやうつろいやすさを悟り、執着心を消し去った境地のことである。スーフィーによれば、死の想念の境地は前章で紹介した「畏れ（ハウフ）」、「節欲（ズフド）」、「忍耐（サブル）」の境地を磨くことにより達成される。一瞬前と今では全く姿を変えることもある現世はあくまで仮象の世界であり、リアルなものは我々の認識・感覚を超えた先にあると考えるのがスーフィーである。そのような世界観に立脚するスーフィズムでは、現世も現世に執着する自我も真理から修行者を遠ざけるヴェールでしかない。

またスーフィーは「我欲の滅殺」を生物学的死よりも重要な「死」として考える。生物学的死は人間にとって不可避であることから、穏やかな心で受け入れることが求められるのに対し、我欲を消し去ることは修行によってのみ可能であることから「選び取る死」と呼ばれる。死の想念は、現世の儚さと虚構に気づくことで「選び取る死」を志すための覚悟を養う。スーフィー学者アルドゥルラッザーク・カーシャーニー（一三二九―三五年頃没）によれば、修行者は我欲を滅殺するために次の「三色の死」を選び取らなければならないという。ひとつ目は白の死と呼ばれ、飢餓状態に自らを置くことを指す。内からの光によって心が白く輝き、精神統一のための集中力が高まるのだという。ふたつ目は緑の死と呼ばれ、贅沢《ぜいたく》を避け、必要最低限の服を着て過ごすことを指す。三つ目は黒の死と呼ばれ、他人から傷つけられても忍耐することを指す。

以上のように周囲の眼や自我が生み出す雑念、過去や未来など現世の尺度に縛られず、今この瞬間に自分が為すべきことのみに集中する境地に達した自由な精神の持ち主を、スーフィズムでは「時の子（イブン・アル＝ワクト）」と呼ぶ。

第八章

修行者の心構え
——ナクシュバンディー教団「十一の言葉」

الكلمات الاحدى عشرة فى الطريقة النقشبندية

『内観の法学（フィクフ・バーティン）』

本書の修行論で主に参照しているナクシュバンディー教団では、今まで紹介した心の作法や祈禱《きとう》法、「神秘階梯《かいてい》（マカーマート）」などスーフィズムの修行の基本的な見取り図を十一の言葉にまとめた心得箇条がある。第一から第八の心得まではナクシュバンディー教団の前身ホジャ派（ホジャガーン）の導師アブドゥルハーリク・グジュドゥワーニー（一一八〇年没）が、第九から第十一まではバハーウッディーン・ナクシュバンド（一三八九年没）が考案したものであるとされているが定かではない。少なくとも一四世紀以降には呼吸法、精神統一、神秘階梯（心の旅）、在家主義、親交などナクシュバンディー教団の土台となる修行方針が確立され、「十一の言葉」としてまとめられたと考えられる。

ナクシュバンディー教団の教えは、理性的批判と神秘的体験の両立を重視するクルド系ナクシュバンディー教団導師によってイスラーム学の伝統教義に体系的に組み込まれ、彼らのネットワークによって現在でも、トルコからインドネシアまで伝統派のムスリムの間で影響力を保っている。オスマン朝最後のイスラーム学者と呼ばれたクルド系ナクシュバンディー教団導師ムハンマド・エミン（一九一四–二〇一三）がナクシュバンディー教団の教えをまとめた『内観の法学（フィクフ・バーティン）』を参考に、今回は「十一の言葉」を紹介したい。

第一の心得「呼吸における知覚（フーシュ・ダル・ダム）」

精神統一の土台となる心構えで、身体《からだ》を巡る呼吸に意識を向け、息の一つひとつに神の意志が宿っていることを理解する。祈禱や瞑想《めいそう》など修行者が意識的に行う修行とは異なり、呼吸は普段意識せずに行っている自律的な運動である。呼吸は自らの身体が自分の意志だけで生かされているのではないことの表れだと考えられている。さらに修行者が高次の次元に達すると、人間の息は彼方に存在する神に向かって「彼の御方（フー）」と呼び掛けている音であることを理解するという。

第二の心得「足元への視線（ナザル・バル・カダム）」

雑念を払い、心をひとつにすることを指す。「足元」とは、今、踏み出すべき一歩のことを意味し、仏教の禅

ブルサのウルジャーミーに飾られているアラビア書道「彼の御方こそアッラー」 著者撮影

宗でいう脚下とほぼ同義だと思われる。人間はしばしば過去や未来に囚《とら》われ、現実がおろそかになったり、他人や周囲の環境に流され、自分を見失ってしまったりする。スーフィズムでは、このように心が現世のさまざまなものに結びつき誘惑や葛藤に陥ってしまうことを、「心の分散（タフリカ）」と呼ぶ。反対に雑念を払うよう努力し、心を神に向けることを「一心」と言う。ペルシアの詩人であり、ナクシュバンディー教団の修行者でもあったアブドゥッラフマーン・ジャーミー（一四九二年没）は、主著『閃光《せんこう》』で次のような詩を遺《のこ》している。

ああ、すべてに心奪われて千の悩みを抱く者よ、
汝《なんじ》の心が解き放たれて安らぐことは難しい。
心の分散は森羅万象に由来する。
心を一者（神）に託し、森羅万象より断ち切りなさい。

ジャーミー（一五世紀ペルシアのスーフィー）

また足元への視線は「謙譲（タワードゥウ）」の境地を表すともいわれており、常に初心を忘れず修行に努めることの大切さを意味している。茶道の利休道歌に「稽古とは一より習い十を

知り　十よりかえるもとのその一」という言葉がある。何十年と修行を積み人生の酸いも甘いも噛《か》み分けたとしても、初心を忘れると修行者は「自意識（アナーニーヤ）」に侵されていく。スーフィズムの初心とは、「人間の罪深さ」と弱さを克服せんと心に決めた「悔悟（タウバ）」の境地である。スーフィズムでは身体を洗うように「心を悔悟で洗う」と言い、修行者は神秘階梯の始まりの悔悟の心を常に胸に抱き、日々を過ごすことが求められている。イスタンブールにあるウズベクテッケでは、出口に次の写真のような掛け軸が掛けられている。

これはトルコ語で「虚無（ヒッチ）」を意味し、人間の儚《はかな》さを指す。どれだけ修行を重ね、経験と知識を積んだとしても、神に比べたら人間など塵芥《ちりあくた》に過ぎないことを忘れるな、と修行場を出る修行者の心を戒めているのである。

「虚無」と書かれている
アラビア文字書道

第三の心得　「自国での旅（サファル・ダル・ヴァタン）」

「自国」とは修行者自身の心を指し、「旅」は心の境地を昇華させていく精神的な過程を意味する。スーフィズムでは心から悪徳を取り除くことを「除去」と言い、美徳で心を飾り付けることを「修飾」と言う。人間の本性である欲望や攻撃性をコントロールし、さまざまな心の境地を獲得し確固たる自己を築くことの大切さを説いた心得である。またこの心得は、他のスーフィー教団で行われていた苦行のひとつである放浪の旅への批判でもある。多くのスーフィー教団は、旅を通じて自分が当然だと思っていた文化や風習が、異国に行けば違うことを知ることで世界の相対性を学ぶことができると考えていた。しかし故郷を離れ異国の地で修行を行うことにはさまざまな困難が伴い、ともすれば修行どころではなくなる場合も多い。ナクシュバンディー教団導師のホジャ・アフラール（一四九〇年没）も、「初心者は旅において混乱しか得るものはない」と述べている。『維摩経《ゆいまぎょう》』に「直心是道場《じきしんこれ》」という言葉がある。誠実な心を練り上げればその心が修行の場となるという考えだが、ナクシュバンディー教団の「自国での旅」もまさに同じ考えを説いている。さまざまな雑念や煩悩に囚われた心を探り、正しい方向へ導こうとすること以上に困難な「旅」はない。人間であれば誰でも心を持っていることから、心を修行場にすることはあらゆる人間に修行の扉を開くことを可能にする。

第四の心得　「集団の中での隠遁《いんとん》（ハルヴァト・ダル・アンジュマン）」

外面は人々と共にあり、内面は常に神と共にある精神的境地を指し、ナクシュバンディー教団の在家主義を指す言葉として有名である。他のスーフィー教団は、精神統一のため四〇日間隔離された部屋で祈禱修行を行うことがあるが、ナクシュバンディー教団は原則として社会から隠遁し、修行生活を行うことを奨励しない。彼らの在家主義は、一般社会におけるスーフィズムの膾炙《かいしゃ》に貢献したといわれている。

ナクシュバンディー教団の導師であり卓越した説教師でもあったファフルッディーン・カーシフィー（一五三三年没）は次のような格言を遺している。

隠遁の門を閉じ、奉仕の門を開け。
師としての門を閉じ、友としての門を開け。
独居の門を閉じ、親交（スフバ）の門を開け。

この格言は、「集団の中での隠遁」を構成する三つのキーワードを紹介している。

ひとつ目は奉仕である。修行者は世捨て人ではなく、社会の中に生き奉仕をする者でなければならない。「奉仕（ヒドマ）」は無駄な我欲を取り除き、自意識を克服するための最善の修行であるとナクシュバンディー教団では考えられている。ここでの奉仕とは、ただ師匠の身の回りの世話をするだけではない。クルド系ナクシュバンディー教団導師ムハンマド・アミーン・クルディー（一九一四年没）が書いた修行書『心の照明』によれば、奉仕の在り方は各個人の能力や志向性、仕事に応じて変わる。学生であれば知識を得ること、教師であれば知識を伝達すること、職人であれば専門技術を活《い》かすこと、政治家であれば国家の安定に努めることが奉仕である。個人によって異なる能力は神がその人に望み与えた「信託（アマーナ）」であるという。奉仕とは神が人に与えた信託を正しく運用することであり、奉仕を通じて「信仰（イーマーン）」が完成されていくのだという。

ふたつ目は師の心構えである。スーフィズムの師は弟子に真理を一方的に伝える権威としてではなく、弟子と同じ道を歩む友として共に真理を探究しなければならない。一八世紀ダマスカスで活躍したナクシュバンディー教団導師アブドゥルガニー・ナーブルスィー（一七三一年没）は、理想の導師について次のように語っている。

師とは外見や魂、霊、理性に神の姿を見せようとする者ではない。
本当の師とは、彼の外見や魂、霊、理性の背後に神の存在を覗《うかが》わせる者なのだ。
ナーブルスィー（一八世紀シリアのスーフィー）

前章で説明したように、スーフィズムの信条は自由である。この世を超えたどこかに真理が存在すると信じることは、この世の中には人間を縛る絶対的な権威などないことを知ることである。スーフィー導師とてその例外ではない。「背後に神の存在を覗わせる」とは、真理を求める人間の生き様を見せながら真理を共に探究する姿勢を表す。

序章でも紹介したが、イスラーム文化で育った若い学生が少年マンガを「スーフィズム的」と感じるのはこの「Sensei」像によるところが大きいのではないかと私は考えている。「週刊少年ジャンプ」読者の方なら目にしたことはあるであろう、『ドラゴンボール』の孫悟空《ごくう》にとってのじいちゃんや亀仙人、悟飯《ごはん》にとってのピッコロ、『るろうに剣心』の緋村剣心《ひむらけんしん》にとっての比古清十郎《ひこせいじゅうろう》、『ヒカルの碁』の進藤ヒカルにとっての藤原佐為《さい》、『暗殺教室』の生徒たちにとっての殺《ころ》せんせー、『NARUTO』のうずまきナルトにとってのうみのイルカや自来也《じらいや》は、権威や力ではなく精神的なつながりによって受け継がれるスーフィーの伝統を思い起こさせる。人斬りの過去に苦しみ自分を見失っている剣心に、生きる意志を思い起こさせるために奥義を伝授する比古清十郎の姿や、自分が打った碁の中に先生であり親友であった佐為の思いが生きていることを知り、「遠い過去と遠い未来をつなげるため」に囲碁を続けることを覚悟するヒカルの姿は、弟子の心に寄り添う師匠と彼らの思いを受け継ぐ弟子の在り方を見事に描いている。例えば中東やトルコの少年マンガ好きの学生の間で特に人気の「Sensei」である『NARUTO』の自来也は、「伝説の三忍《さんにん》」とまで謳《うた》われた卓越した忍者であるが、同時に多くの欠陥を抱えた同じ一人の人間として、自分が犯した過ちや後悔を胸に抱えながら、次の世代に己が忍道を伝えようとする魅力的なキャラクターである。自来也はナルトを孫のように愛情を持って育て、最期までナルトの可能性を信じて疑わなかった。また自来也が戦いの中で死んだことを知りひどく落ち込むナルトに、師匠の意志を継ぐことの大切さを同じ目線に立ちながら語り掛ける先生のうみのイルカも「友としての師」を体現している。

三つ目のキーワードである「親交（スフバ）」は、「共に時を過ごす」、「傍《そば》にいる」ことを意味するアラビア語で、人に寄り添うことの大切さを説く言葉である。ナクシュバンディー教団では親交によって結ばれる師匠と弟子の「絆《きずな》（ラービタ）」が特に重要視されるが、「絆とは慈しみに他ならない」という格言がある。親交とは師匠が慈しみを持って弟子を育て、また弟子は慈しみを持って師匠の思いを受け継ぐという師弟間の作法を指す。『鬼滅《きめつ》の刃《やいば》』（吾峠呼世晴《ごとうげこよはる》、集英社）に登場する我妻善逸《あがつまぜんいつ》と彼の師匠「じいちゃん」こと桑島慈悟郎《くわじまじごろう》の師弟関係は、この親交の心をよく表している。『鬼滅の刃』は人を喰《く》う鬼と人との闘いを描いた少年マンガだが、

師と弟子『NARUTO』44巻より　©岸本斉史/集英社

「思いを受け継ぐことの大切さ」がさまざまな人間の生き様を通して見事に描かれている。鬼狩りの組織「鬼殺隊《きさつたい》」の元剣士で、引退後は鬼殺の剣士を育てる「育手《そだて》」として暮らしていたじいちゃんは、人に騙《だま》されて借金をつくった善逸を助けて弟子に取るのだが、善逸は修行の厳しさから何度も逃げようとする。しかし、じいちゃんは決して善逸を見捨てず逃げるたびに引き戻し、彼の才能を信じできることを極める大切さを説く。「一つのことしかできないならそれを極め抜け」というじいちゃんの助言は、なかなか自分に自信を持てない善逸の心を深く知り、彼に寄り添ってきたからこそ出てきた言葉だろう。

第五の心得　「回想（ヤード・キャルド）」

第五から第八までは、祈禱修行の作法を説明している。回想は祈禱修行の初歩的な段階で、心の中で常に沈黙の祈禱を続けることを指す。回想の段階では、修行者は心の中の葛藤と闘いながら祈禱を続けるため、「克己（ムジャーハダ）」の境地を確立することが目的となる。

第六の心得　「回帰（バーズ・ギャシュト）」

息を止め集中して行う祈禱修行の際、奇数回ごとに息を吸い直し、その際「我が神よ、我が目標はあなたであり、あなたの満足です」と唱える作法を指す。祈禱修行ではしばしば呼吸の仕方や祈禱の言葉に注意が持っていかれたり、修行をしている自分に満足してしまったりすることで、そもそも「何のために」修行をしているのかを見失いやすい。「回帰」とは、何のために自分は修行を行っているのかを継続的に思い出し、祈禱が形骸化するのを防ぐ心構えを意味する。

第七の心得　「注意（ニギャー・ダーシュト）」

神に全意識を集中させることを「集中（タワッジュフ）」という。注意とはこの集中の境地を獲得するために、心の中にどんな雑念や葛藤がうごめいているかを理解し、コントロールすることを指す。第一の心得「呼吸における知覚」と第二の心得「足元への視線」を徹底することで達成される。

第八の心得　「追憶（ヤード・ダーシュト）」

回想、回帰、注意を究めた先にある祈禱の到達点であり、祈りの言葉を超えて、祈りの対象である神の存在に精神を集中させることを指す。第五の心得である回想の段階では修行者は自らの意志や努力で祈禱を行っているため、その祈りの中にはいくばくかの自意識が残っている。しかし祈禱修行を究め我欲を滅却することに成功すれば、穏やかな凪《なぎ》の海が空の景色を映すように心は神の意志を映す鏡となる。この修行者を「祈りそのもの」とも呼ぶ。

第九の心得　「時の知覚（ヴクーフィ・ザマーニー）」

心が神と共にあるか、日々の時間を有効に使えているか省察することを指す。前章で紹介した「反省（ムハーサバ）」と同義だと考えられている。一瞬一瞬において為すべきことを理解し、行動に移すことを意味する。

第十の心得「数の知覚（ヴクーフィ・アダディー）」

祈禱修行の際に、祈禱の一セットを奇数回にすることを指す。ナクシュバンディー教団において祈禱の数は「真理の門を開く鍵の形」であり、鍵の形が違えば門は開かれないため、師匠から伝えられた祈禱の数を維持することは特に重要視される。祈禱の回数はスーフィー教団や導師により異なるが、ナクシュバンディー教団は、数があまりにも多いとノルマを達成することに気を取られ、目的がおろそかになると考える。例えば呼吸に合わせて祈禱をする場合、一セット二十一回を超えてやろうとすると持続せず、かえって集中力を損ない逆効果だという。

第十一の心得「心の知覚（ヴクーフィ・カルビー）」

第五章で紹介した「心の深層（ラターイフ）」の理解を深めながら、沈黙の祈禱を行住坐臥《ぎょうじゅうざが》続ける境地を指す。第一から第十までの心得すべてを究め、「あたかも神が見えているかのように」生きることを意味する。この境地は前章で紹介した「観照（ムシャーハダ）」と同義であるとされる。

第九章

五功の心
——神・自然・人をつなぐ修行

أسرار أركان الإسلام

五功とは修道なり
人と天が合わさるための道を追究することだ

劉智《りゅうち》『天方典礼』

ムスリムの生活を見てみれば彼らは一日五回の礼拝をし、断食月には日中は飲むことも食べることもできず、YouTubeを開いてみればマッカに巡礼に訪れるムスリムたちの姿が映る。イスラームが一般に厳しい戒律の宗教と受け取られているのは、このようなさまざまな宗教実践の規定のためであろう。

日本では一般に「五行」としてまとめられるイスラームの五つの義務行為（信仰告白・礼拝・斎戒・喜捨・巡礼）は何のためにあるのか？　ムスリムたちも当然、聖典クルアーンや預言者ムハンマドの言葉をたどりながらその意味を探ってきた。その中でも特にスーフィーたちは、修行者として生きてきた経験や修行中に得た直感を頼りにイスラームの宗教実践の意味を説いてきた。スーフィズムではこのような経験を伴った知識のことをマアリファ、神から与えられる直感のことをイルハームと呼ぶ。マアリファやイルハームを用いてイスラームの六信五行を解釈するジャンルを、「イスラームの柱の奥義」と呼ぶ。

例えば、中国のスーフィー劉智は、イスラームの基本的な世界観と実践を紹介する入門書『天方典礼』の中で、五功（五行）とは神の真理に到達するために自らの魂を磨き鍛え上げる「修道の法」だと説いた。また一六世紀エジプトで活躍したスーフィーのアブドゥルワッハーブ・シャアラーニー（一五六五年没）は、五功の秘義を知ることは求道者が志を正しく持つために必要であると説いている。

実は特殊な祈禱《きとう》や瞑想《めいそう》、夢解釈などを行わなくとも、日常を丁寧に生きようという志を持って基本的なイスラームの実践を行っていれば、ムスリムは皆修行者なのである。しかし、その五功の神秘的意味や修行的側面を知ることは、あくまで弛《たゆ》まぬ鍛錬と神からの恩恵によってマアリファやイルハームを得たスーフィーたちにしかできない。この章では、スーフィーたちにおける五功の解釈を紹介したい。

信仰告白――何のために生きるのか

「神はいない。しかしアッラーはいる」との信仰告白の言葉は、第七章の「自由（フッリーヤ）」の境地でも説明したように、人間は現世の何者にも支配されてはならないという自由の表明であった。

また神を考えるとは、同時に被造物の本質を見据えることであるという。それはすべてには始まりと終わりがあり、我々は限られた時間の中に生きる儚《はかな》い存在であることを理解することだという。中央アジアの導師ナジュムッディーン・クブラー（一二二一年没）によれば、信仰の土台として人間が理解しなければならないことは三つあるという。第一は、「起源（マブダア）」の理解であり、私たちはどこから来たのかを知ることである。第二は「この世（マアーシユ）」であり、今・この瞬間に私たちはどう生きるべきかを知ることである。第三は「終焉《しゅうえん》（マアード）」の理解であり、私たちはどこへ帰っていくのかを知ることである。信仰とは、永遠の昔から果ての未来まで流れゆく時間の中でなぜ神は「今・ここに」自分を創造したのかを考え、何をすべきなのかを見据えることであるという。

清め——人間の業を見つめる

イスラームのすべては心身の浄化により成り立つ。

シャアラーニー（一六世紀エジプトのスーフィー）

イスラーム法（シャリーア）は神と人との関係を規定する法「イバーダート」と、家族法や債権法、刑事法など社会を運営するにあたって人と人との関係を規定する法「ムアーマラート」に分かれている。そして法学書を開くとまず目にする最初の項目は、礼拝に立つために必要な「清め」の規定である。イスラームでは排泄《はいせつ》や性交などを行った場合、礼拝に立つ前に清めが必要となるのだが、清めの仕方については、松山洋平編訳『イスラーム神学古典選集』に礼拝の作法が分かりやすく解説されているので確認していただきたい。ムスリムであれば最も身近な宗教実践であろう礼拝の起源について、スーフィーたちは人間の失楽園の物語を結びつけて解説している。

エジプトのスーフィズム中興の祖シャアラーニーによれば、清めの儀礼は最初の人間アダムが園で神の言いつけを破り、果実を食べたことに由来するという。果実を食べたことで人間は、自らが神の命に背き自らの欲望を選択する可能性を持つ存在であることを示した。しかし、その後に神に赦《ゆる》しを乞うたことで、アダムは過ちを犯しながらも後悔し、より良い生き方を望む存在であることも同時に示したのである。清めの実践は、人間が罪深い存在であることを意識し、手や顔、足などを清らかな水で洗う際、四肢が犯した罪を思い出し「悔悟（タウバ）」の境地を忘れないようにするための修行だという。

礼拝——森羅万象の祈り

ムスリムは一日に日の出・正午・午後・日没・夜の計五回礼拝に立つことが義務とされている。礼拝の中でムスリムはクルアーンを詠んでいるときは立ち、その後前屈姿勢を取ったり、地面にひれ伏したりとさまざまな動きがあるのだが、西アフリカのティジャーニー教団ニアース流派の祖イブラーヒーム・ニアース（一九七五年没）によれば、人間の礼拝には森羅万象への祈りが込められているという。

被造物は三種類に分かれる。
木のようにじっと立っているもの、

馬のように背を曲げているもの、
土のように地にぴったりとくっついているもの。
人間が礼拝に立つとき、神は木の祈りを人に授け、
腰をかがめるとき神は馬の祈りを授け、
地にひれ伏すとき神は土の祈りを授ける。
森羅万象は神を讃《たた》えているが、
お前たち人間は彼らの祈りの言葉を理解していないのである。

イブラーヒーム・ニアース（二〇世紀西アフリカのスーフィー）

『孫子』に「疾《はや》きこと風の如《ごと》く、徐《しず》かなること林の如く、侵掠《しんりゃく》すること火の如く、動かざること山の如し」という言葉がある。イスラームでは、自然や動物、鉱物が持つ性質は神から与えられた徳であり、自然界に存在するあらゆる生物・無生物はそれぞれの徳を現わすことによって神に祈りを捧《ささ》げていると考える。つまり鳥であれば軽やかさ、獣であれば強さ、水であれば流れ、火であれば熱さ、石であれば頑丈さをもって神を讃えているのである。普通の人間であっても、彼らが礼拝に立つとき、その動き一つひとつに、さまざまな自然界の生き物たちの

祈りが込められているのである。

第一知性という万物の存在流出の祖型から始まり、天体や四大元素（火・風・土・水）、三大被造物（動物・植物・鉱物）などの森羅万象、すなわち「大宇宙（アーラム・カビール）」の本質を理解し、その徳を体現する人間の理想形をスーフィズムでは「小宇宙（アーラム・サギール）」と呼ぶ。

さらにスーフィズムでは、「小宇宙」の境地に到達した修行者は「大宇宙」である自然界のあらゆる被造物と対話し、彼らから知恵を得ることが可能であると考える。この境地を表しているものに、トルコで最も有名なスーフィー詩人ユヌス・エムレ（一三二一年頃没）の「黄色いお花に聞いてみた」という詩がある。

ねえねえ　黄色いお花さん　あなたのママとパパはだれ？
やあやあ　偉いお坊さん　大地がわたしの両親さ
ねえねえ　黄色いお花さん　子どもや兄弟姉妹はいるのかい？
やあやあ　偉いお坊さん　葉っぱがわたしの子どもだよ

ねえねえ　黄色いお花さん　どうして頭《こうべ》を垂れてるの？
やあやあ　偉いお坊さん　神さまの前にいるからさ
ねえねえ　黄色いお花さん　お顔がまっさおになってるよ
やあやあ　偉いお坊さん　もうすぐわたしは死ぬからさ
ねえねえ　黄色いお花さん　あなたもいつか死んじゃうの？
やあやあ　偉いお坊さん　この世に死なないものなんて　あるのかい
ねえねえ　黄色いお花さん　あなたは誰に従うの？
やあやあ　偉いお坊さん　ムハンマド様に従うよ
ねえねえ　黄色いお花さん　わたしは誰だか　知ってるかい？
やあやあ　偉いお坊さん　あなたはユヌスじゃないのかい？

この詩でスーフィー修行者に世の理《ことわり》を教えてくれる「師匠」は花である。この詩は非常に素朴なトルコ語で書かれているのだが、自然もまた神に祈りを捧げているという「アニミズム的世界」を教えてくれている。トルコの古典スーフィー詩には、このように自然の美しさや儚さと触れ合いながら神の真理を学ぶ修行者の説話が多く紹介されている。素朴な言葉で自然や人の情、世の理を詠《うた》った『万葉集』などの伝統を持つ我々日本人にとっても彼らの世界観は決して分かりにくいものではないはずだ。「汝《なんじ》を知る者は神を知る」とはスーフィーたちが最も好んだ格言であるが、ユヌス・エムレの詩もまた「大宇宙」に属する花が「小宇宙」であるユヌス・エムレの名を伝える、すなわち「汝が何者であるのか」を教える言葉で終わっている。

斎戒——運命を受け入れ耐え忍ぶ

ムスリムは一年の内、断食月の一か月間、日の出から日の入りまで断食を行う。スーフィズムでは、断食はまず被造物の不完全性を知るための修行であるという。スーフィーによれば断食中に味わう空腹やのどの渇きは、生命がエネルギーを摂取しないと死んでしまう儚さと限界性の象徴である。全く何も摂取しないでも存在し続けられるのは神だけであり、神だけが完全な「断食」を行うことができるという。その意味では人間の行う断食は、神から見れば不完全なものに過ぎない。また断食は飲食を一定の時間断つことで、己の欲望をコントロールする術《すべ》を学ぶことにつながるという。シャアラーニーによれば、森羅万象はすべて「斎戒」を行っているという。ここでの「斎戒」とは欲望に囚《とら》われず、自らに与えられた使命を全うすることである。例えば重い石は不動であること、軽い石は軽やかに動くことが彼らの「斎戒」であるというように。人間はしばしば心が生み出すさまざまな雑念や煩悩に振り回されることで自分を見失いやすい。しかし、自然を見れば石は地面から逃げて空に飛んだりはしないし、火は燃やすのを止《や》め何かを冷やしたりはしない。スーフィズムにおける最高位の斎戒とは飲食を断つという行為を通じて欲望を滅却し、自らに与えられた役割とは何なのかを知るために精神を統一する修行なのである。

そして自らに与えられた特性を理解した後、人間はその特性を自分だけでなく他者に分け与える術を学ぶことが求められる。その術を教えてくれるのが「喜捨」である。

喜捨――自己犠牲の精神

喜捨とは、毎年自分の財産から一定の金銭や現物を困窮する人に再分配するイスラーム法の実践である。劉智によれば、喜捨とは財産を一部手放すことで物欲をコントロールし、心を浄化するための修行であるという。「ケチ」はイスラーム倫理では最も忌み嫌われる振る舞いであるが、財産は貯《た》めれば貯めるほど心がそれに執着し、人間は優越感に支配され自己中心的になっていくという。スーフィズムでは、神を忘れ自己を中心とした世界に生きることを、「隠された多神崇拝（シルク・ハフィー）」と呼ぶ。この隠された多神崇拝を取り去るのは「黒い岩を這《は》う黒蟻《くろあり》を見つけるより困難」なほど人間の心の奥深くに巣くう病だといわれており、財産を再分配することは、人間が社会的動物であり人と人のつながりの中で生きていくことを思い出させ、自己中心性から心を抜け出させるきっかけとなるという。

またシャアラーニーによれば、自然界のあらゆるものはお互いに「喜捨」をして生きているのだという。大地は地を踏みしめる者を支え、雨は渇く者を潤す。草木は草食動物に食べ物を与え、草食動物は肉食動物の糧となる。スーフィーによれば、このように自らの存在を惜しみなく捧げ相手を活《い》かすことはすべて「喜捨」なのだという。例えば、清めの際に人間の身体《からだ》を洗ってくれる水は、自らの清らかさを人に捧げることで「喜捨」をしているのである。

荒川弘《ひろむ》『鋼の錬金術師』（スクウェア・エニックス）で主人公の兄エドワード・エルリックと弟アルフォンス・エルリックが師匠の命令による無人島でのサバイバル修行の中で、「一は全、全は一」という言葉の意味を考えさせられるシーンがある。厳しい無人島生活の中で主人公は人間や動物はこの世の大きな流れの中の「一」に過ぎないが、その一が集まり合い「全」を構成し、この世の理を成していることを理解する。喜捨もまたこのように、人とは大きな世界の中に生きるひとつの命に過ぎず、世界とはさまざまな命がお互いを捧げ合って存在しているということを理解する修行なのである。

巡礼――真理を求める旅へ

ムスリムは一生の内に可能であればマッカに巡礼を果たすことが求められている。『風姿花伝』に「住《じゅう》する所なきを、まず花と知るべし」という極意がある。同じ場所に留《とど》まり続けるのではなく、常に変化を求め、自己を革新していくことが芸の本質であるという言葉だが、劉智によれば巡礼とは安住を捨て、変化に富んだ旅の困難の中で心身を鍛え上げる修行であるという。信仰告白で説明したように、信仰の三つの土台の最後は、人間はどこに帰っていくのかを理解する「終焉」であるが、巡礼の旅はまさに人生とは神を求める旅そのものであることを人間に教えてくれる。またナクシュバンディー教団の心得「自国での旅」のように、巡礼は外界から内なる世界へと向かうことの象徴でもある。

イブラヒム・ハック・エルズルミー『叡智の書』より
「存在の円環」図

以上、スーフィーたちによる五功の解釈を紹介した。スーフィーによれば五功とは、人間の業の起源を知り、自我や欲望をコントロールする術を学び、この世の大きな理――天とも呼べるもの――の中に自らを位置づけ心身を捧げる魂を養う修行なのである。この自らの起源を知り、森羅万象とのかかわりの中で自らの役割を学び、神の許《もと》へ還《かえ》るために心身を鍛え上げる過程をスーフィズムでは「存在の円環（ダーイラ・アル＝ウジュード）」という。

第十章

心を味わう——修行者の食卓

موائد السالكين: الذوق

我ら真理の道を歩む修行者、王の食卓にて食す。
神よ、この碗《わん》と食卓を永久のものとし給《たま》え。

メヴレヴィー教団の格言

「教え」を味わう

スーフィズムの知識は修行による魂の修練や神の愛によって獲得される、修行者一人ひとりにとって極めて個人的な体験の蓄積である。スーフィズムではこのような知識を「味得（ザウク）の知」と呼ぶ。スーフィーの間で使われていた専門用語を収集、整理した思想家アルドゥルラッザーク・カーシャーニー（一三二九―三五年頃没）によれば、この味得には三つの段階があるとされる。第一段階は「味わい（ザウク）」で、修行を始めたばかりの人間が神の真理を感じようと身体感覚を研ぎ澄ませる段階である。第二段階は「嚥下《えんげ》（シュルブ）」と呼ばれる。修行で得た体験を咀嚼《そしやく》し、時間をかけて心で理解しようと試みる段階である。この段階の修行者はまさに神秘体験のただなかにある。最後の段階は「芳香（ライイ）」と呼ばれる。修行を通して精神を磨き上げたスーフィーは、飲み込んだ真理が心身に染み込み、内から香り出でる感覚を味わう。この味得の段階性は、真理は決して一朝一夕に理解できるものではなく、修行者が時間をかけて会得する必要があることを示している。スーフィー教団の導師の役割は、修行者にこの味得の知を完成させる道を示すことである。

メヴレヴィー教団のキッチン

真理を自分のものとする「過程」の重要性を修行者に教えてくれるスーフィズムの修行のひとつに、「食事」がある。なぜなら食事は調理器具を整え、厨房《ちゅうぼう》を綺麗《きれい》に保ち、食材を調達し、食材ごとの味や栄養を活かす適切な調理方法を考え、そして食す者の心と身体《からだ》の状態に合わせて調理するなどさまざまな準備と工夫を必要とする。修行と食事が深く結びついていることは、茶の湯における「懐石」や仏教における「精進料理」や「普茶料理」の伝統がある我々日本人にとっては決して異質なものではないだろう。例えば曹洞宗《そうとうしゅう》の開祖道元が著した『典座《てんぞ》教訓』でも、修行僧の食事を作る役職である典座を真理に至るための修行として、その意義を詳細に解説している。

一般的には白い衣に身を包み、神・宇宙・自己の調和を目指す旋回修行で有名なトルコのメヴレヴィー教団は、実は食事に関するさまざまな作法を体系化し、彼らの「スーフィー道」として組み込んだことでも知られている。第八章で紹介したナクシュバンディー教団は在家主義を採っていたため、日常生活の中で修行を続ける方法を重んじていたが、メヴレヴィー教団では独身者はなるべく修行場に住み込み、祈禱《きとう》修行だけでなく掃除や洗濯、料理、配膳、食器洗いなどを導師の指導の許《もと》で行い、心を磨く修行として修めることが尊ばれた。本章ではメヴレヴィー教団における食事をめぐる修行とスーフィーの料理について解説したい。

メヴレヴィー教団の食事作法

メヴレヴィー教団では食事に際して以下のような基本作法が決められていた。

1　食事は塩を摂《と》ることから始まり、塩を摂って終える。

2　食事は一日二回。

3　水は奇数回に分けて飲む（三回、五回、七回など）。
4　水を飲むときは極力他人に見せないように飲む。
5　ひとつの皿で食事を弟子たちと分け合いながら食べる。
6　満腹になる前に食事を止める。
7　パンや肉をナイフで切らない。

食事を共にするメヴレヴィー教団の修行者たち
Türk Aşçi Haberleri, Mevlevilikte Mutfak Kültürü Ve Ateşbaz-ı Veli Makamı より

例えば、水を奇数回に分けて飲むのは、預言者ムハンマドの言葉「アッラーは奇数を好む」に基づいている。ナクシュバンディー教団の祈禱修行は奇数回で一セットとしているが、メヴレヴィー教団は水を飲む行為を奇数回に分けて行うことで、その中に祈りを込めた。水を飲む姿を隠す行為は「謙譲」の精神、パンや肉をナイフで切らないのは、「慈しみ」の精神の実践であるという。また修行者はひとつの皿に食事を盛り、分け合って食べることが奨励

スーフィーの托鉢椀

メトロポリタン美術館蔵

スーフィーの托鉢椀
表面にアラビア文字で「私はアッラーに身を委ねた」と書かれている

メトロポリタン美術館蔵

スーフィーの托鉢椀

メヴラーナ博物館蔵

されていた。これは神の恵みを独占せず公平に分配し、「同じ釜の飯を食う」ことで修行者同士の同胞意識を養うことを目的としている。

またメヴレヴィー教団の修行者は「ケスキュル」と呼ばれる托鉢椀《たくはつわん》を首か腰から下げて生活していた。施しを受けるときはこの椀で受けパンの一欠片《ひとかけら》も粗末にしないように気をつけた。パンくずは犬や小鳥など動物と分け合って食べたとされる。

メヴレヴィー教団「十八の奉仕職」

メヴレヴィー教団の修行のための奉仕職は、台所の仕事を中心にさまざまな役職に振り分けられていた。主要な奉仕職は十八あり、これはメヴレヴィー教団の祖ジャラールッディーン・ルーミー（一二七三年没）が『精神的マスナヴィー』の最初の十八行の詩を彼自身の手で書いたことに因《ちな》んでいる。メヴレヴィー教団の修行場を取り仕切るのは料理長であり、老齢の独身の修行者が選ばれた。十八の奉仕職はすべて、この料理長の管理の下で修行に励むことになっていた。修行者は雑用係から始まり、掃除や洗濯などさまざまな作務をこなしていく。どれも我欲を抑える術《すべ》を学ぶ「奉仕（ヒドマ）」や「利他心（イーサール）」の実践として行われ、なかでも修行者の食事を扱う料理職は修行者の中でも最も高位の者が担う奉仕職であった。食事は修行者の心身の健康状態を左右し、動植物の命も取り扱う作務であるため、生半可な覚悟の修行者には務まらないと考えられていたからである。十八の奉仕職の内容について簡単に紹介する。

1　料理長助手　台所だけでなく修行場全体の管理を行う料理長の下で働き、彼の仕事の補佐を主な目的とする役職。また料理長助手は料理長と並んで実質、修行場の師範代のような役割

数珠　著者撮影

写本装飾

も果たしており、テッケの管理や弟子たちの実質的な指導は料理長助手と導師代理が行っていたとされる。さらに写本装飾やアラビア書道、数珠作りなどの工芸技術の指導も行っていた。写本装飾とアラビア書道はルーミーの『精神的マスナヴィー』や他のメヴレヴィー教団導師の著作の写本作製を行う際に必要な作業で、我々日本人が仏教経典を写経するように、彼らも教えを心身に染み込ませるための修行の一環として写本を作っていたとされる。また「数珠（タスビーフ）」も、祈禱修行で必ず用いられる必需品であった。修行場の規律を乱した弟子の懲罰を行うのも料理長助手の仕事だった。

2　導師代理　新参の修行者にメヴレヴィー教団の基本的な教えや作法、クルアーン読誦法《どくじゅほう》やイスラーム学の基礎を教える役割を担った。台所の傍《そば》に個室があり、旋回修行を始めたばかりの初心者の指導も行っていた。

3　外広場見守り　導師と弟子たちの間の伝達を担う役職。修行者は御籠もり修行を終えると個室を与えられ、昼夜個室から出ずに祈祷修行を行うことも少なくないため、個室から個室を巡り、導師からの連絡を伝えるために走り回ったという。また秘書のような役割も担っており、導師が外出する際は常に付き添うことが求められた。

4　洗濯係　修行者の服や下着、使った布などを洗濯する役職。服や下着を洗うとき、「ああ、（罪を）洗い流す御方」と神の名前を唱えて歌うこともあったという。

5　手洗い場掃除　手洗い場や水場の掃除を行う役職。不衛生な場所を掃除する係のため、御籠もり修行を終える前の修行者に与えられる最後の奉仕職であったとされる。

6　シェルベット渡し　御籠もり修行を終えた修行者に甘い飲料（シェルベット）を渡す係。御籠もり修行を終えた修行者には個室の他に、デデという呼称が与えられ、一般の修行者とは区別された。

シェルベット　著者撮影

7　食器洗い　食事の後に食器を洗う役職。

8　食器棚見守り　食器棚の管理を行う役職。

9　買い出し係　毎朝食材の買い出しに行く役職。

10　食卓係　食卓の掃除や準備を担う役職。

11　内見守り　導師や修行者に焙煎《ばいせん》係が淹《い》れたコーヒーを

運ぶ役職。

12 **内燭台見守り**《ないしょくだい》　室内の燭台の整備や管理をする役職。

13 **焙煎係**　台所で奉仕する修行者や高位の修行者にコーヒーを淹れる役職。コーヒーは集中力を高める飲料として、昼夜あらゆる修行に励まなければいけないスーフィーに好んで飲まれた。

14 **寝床敷き**　修行者の寝床を清潔に保つ役割。

15 **外燭台見守り**　修行場の蠟燭《ろうそく》や燭台を管理する役職。

16 **清掃係**　修行場全体を箒《ほうき》で清掃する役職。

17 **燭台係**　夜になるとテッケの灯《あか》りを点《つ》けて回る役職。またその修行場で指導を行った歴代導師が埋葬されている聖者廟《びょう》の管理職の助手も行っていた。

18 **足見守り**　いわゆる雑用係で、メヴレヴィー教団に入った初心者がまず割り振られる役職だった。

メヴレヴィー教団の料理

メヴレヴィー教団は食べ物には神の恩寵《おんちょう》が宿ると考え、食事を神が人間に与える糧に感謝し、身体的・霊的力を養う「修行」の一環として重んじた。元々、トルコは遊牧社会であったため、メヴレヴィー教団も初期は乳製品が主な食事であったが、交易が発達していくのにつれて豆や穀物類なども彼らの料理の材料として取り入れられた。メヴレヴィー教団で食べられていた食事をいくつか紹介したい。

【ひよこ豆のスープ】

材料
ひよこ豆　2カップ
鶏肉か牛肉のゆで汁　8カップ
塩　小さじ1杯
クミン　小さじ1杯

① 前日にひよこ豆をゆでておき、

ひよこ豆のスープ
Sahrap Soysal, Dervis Sofralari より

一晩浸水させる。

② ひよこ豆をザルにあげ、皮をむき、鍋に入れる。
鶏肉か牛肉のゆで汁を鍋に入れ、よく混ぜる。

③ 中火で煮込みながら、塩とクミンを入れる。

④ スープが沸騰したら火を消し、10－15分くらい経《た》ったら完成。

【ウズベク・ピラフ】

材料
米　2合
羊肉　500g
玉ねぎ　2個
人参　2本（千切り）
ピスタチオ　大さじ2杯

ウズベク・ピラフ
Sahrap Soysal, Dervis Sofralari より

塩　小さじ1杯
胡椒《こしょう》　小さじ1杯
水　8カップ
バター　100g
栗　8−12個
ひよこ豆　1カップ
干しぶどう　大さじ2杯
クミン　小さじ1杯
オールスパイス　小さじ1杯

①　塩（分量外・少々）を入れた水に米を入れ40分浸水させる。
②　羊肉を洗い、鍋に入れる。中火で羊肉を3−4分ほど炒《いた》める。
みじん切りにした玉ねぎとバターを入れ、混ぜながらさらに10分ほど炒める。
③　塩と胡椒、水8カップを加え混ぜる。沸騰したら弱火にして、さらに40分ほど煮る。
④　米を別の鍋に入れ、千切りにした人参を入れ混ぜる。さらに先ほど煮た肉と玉ねぎ、ひ

よこ豆（事前に水に戻しておく）、栗（半分に切る）、干しぶどう、ピスタチオ、クミン、オールスパイスを加え、混ぜてから中火で炊く。

⑤ 米が炊けたら火を止め、10分ほどしたら完成。

【メヴレヴィー・ストラッチ】

材料

牛乳　4カップ
米　1カップ
塩　少々
はちみつ　少々
クルミ　少々

① 牛乳を煮込み、沸騰したら火を止める。

メヴレヴィー・ストラッチ
Sahrap Soysal, Dervis Sofralari より

② 米を水につけ（米の表面から指の第一関節くらい上まで）、かなり軟らかくなるまで置いておく。

③ 米に塩を加え、さらに煮込んだ牛乳を入れて混ぜながら40－50分煮込む。

④ とろみがついてきたら煮込むのを止め、2－3時間冷やす。上にはちみつやクルミを散らして完成。

現代トルコ社会の食事をめぐる奉仕精神「パン掛け」

パン掛け

写真：Anadoluimages

ムスリム諸国の中でも特に厳しい世俗主義を採用しているトルコだが、実はスーフィズムの精神は社会のあらゆるところで残っている。例えば、「パン掛け」という文化がある。これはパン屋でパンを買うときに余分にパンを買い、壁に掛けられた専用の袋にパンを入れておくことで貧しい人が自由に食べられるようにするというものである。スーフィズムの精神の中でも最も貴い徳のひとつとして利他心が多くの古典で挙げられているが、パン掛けは利他心の実践としてオスマン帝国期から行われてきたという。また新型コロナウイルスの感染が拡大してから、いくつかの衣料店では無料でマスクを配布するパン掛けならぬ「マスク掛け」が行われている。

第十一章

武の心
——スーフィーとマーシャル・アーツ

السلوك والرياضة

強者とは、その力で人々を打ち負かす者ではなく、
憤怒《ふんぬ》の中にあっても自制心を失わない者である。

預言者ムハンマドの言葉

これまでスーフィズムの基本的な人間観や修行で用いられる呼吸法や祈禱《きとう》法、また修行としての料理やそのレシピなどを紹介した。本章では、スーフィー武術を紹介したい。

東アジアに生きる我々日本人にとって、武術は実践したことはなくとも、とても身近なものであろう。しかし、我々が見たことのある武術のいくつかが、実はスーフィズムと関係があることを意識したことがある人は少ないのではないだろうか。また剣道や弓道、柔道などアジアの武術はトルコや中東の若者たちの間で知られているが、東アジア、東南アジアのムスリムたちの間で武術が「スーフィズムの修行」として脈々と受け継がれていることを知っている人はほとんどいない。例えば、たびたび紹介しているナクシュバンディー教団は、実は武術を精神

修行に取り入れているスーフィー教団なのである。第三章で紹介したイギリスのナーズィム導師のナクシュバンディー教団も、武術を若い弟子たちの教育法に取り入れていることで有名である。今回はスーフィー武術の伝統を探るために、東南アジアと東アジアの武術を例として紹介したい。

東南アジア——シラットとスーフィー

近年では武術愛好家のみならず、インドネシアのアクション映画の名作『ザ・レイド』シリーズや、『ザ・レイド』（二〇一一年）の俳優がシラット・ニンジャの敵役として活躍した『ジョン・ウィック：パラベラム』（二〇一九年）によってシラット武術は世界的に有名になっている。少年マンガでは『史上最強の弟子ケンイチ』（松江名俊《まつえなしゅん》、小学館）でシラット使いが登場している。

シラットは東南アジア各地で広く実践されている武術体系で、その起源ははっきりとは分かっていないが、およそ六—七世紀頃に成立したといわれている。東南アジアのマジャパヒト王国の軍事訓練に用いられ、その後、東南アジア社会のイスラーム化に伴い、ムスリムの精神修行の営みにも取り入れられていった。オランダ占領期には抵抗運動の火種になるとして禁止さ

シラットマスターのアリフィン師
全米スポーツ・シラット協会ホームページより

れていたが、抵抗運動の担い手には第五章で紹介したユースフ・マカッサリーなどスーフィー教団の導師たちが数多く存在した。

シラットには「イルム・パディ」という教えがある。イルムはアラビア語由来の言葉で「知識、知恵」を意味し、イルム・パディは「稲穂の知恵」と訳される。日本のことわざにも「実るほど頭の下がる稲穂かな」とあるように、単にシラットの技芸を磨くのではなく、謙譲の精神を大切にしながら心身を鍛えることの尊さを説いている。

シラットにはさまざまな流派があるが、スニ・シラット・ハック・ムラユと呼ばれるシラット演武の流派は、東南アジアを越えてイギリスのナクシュバンディー教団でも実践されているグローバルなスーフィー武術集団である。このシラット演武の師範としてアリフィン師という人物がいる。

プラーナ（吸息法）とラーム・アリフの型

アリフィン師によれば、このシラット演武の神髄はプラーナにあるという。イスラーム教徒のシラット導師たちは、プラーナをナファス・バーティンと呼ぶ。ナファス・バーティンはアラビア語で、「内なる呼吸」と訳され、呼吸に集中し、己の内に巣くう自我のコントロールを図ることを目的とする瞑想《めいそう》の訓練を指す。あらゆるシラットの型には特有のナファス・バーティンが存在すると言う。

ナファス・バーティンは夜明け前に始めるのが良いとされ、瞑想中は舌を口蓋に付け、心頭滅却の境地を目指す。ナファス・バーティンの訓練の際にはさまざまなポーズを取るが、その中のひとつに「ラーム・アリフの型」がある。ラーム・アリフはアラビア文字の「L」と「Å」を指し、書くと次のような形になる。

ラーム・アリフの
アラビア文字表記

瞑想者は、このラーム・アリフの文字を表すように両腕を頭の上に挙げ、息を吸い込み、アッラーを指す「彼の御方（フー）」を唱えながら息を吐く呼吸を繰り返す。「フー」の息を吐く行為は五十回を一セットとして行われる。またアッラーと天地創造の叡智《えいち》を心に留めることが求められ、この「正しい心構え（ニーヤ）」は全身の血液とリンパの循環を活性化させるという。プラーナはサンスクリット語由来の言葉で一見ヨガとの関係性があるように見えるが、ラーム・アリフの型に見られるように、アリフィン師の解説にはアラビア語由来のイスラーム的要素も散見される。シラットは東南アジアの土着信仰、ヒンドゥー教、イスラームなど、さまざまな宗教や哲学が混淆《こんこう》する東南アジア社会をそのまま体

ラーム・アリフの型
D.S. Farrer, Shadows of the Prophet: Martial Arts and Sufi Mysticism より

現しているかのようだ。

東南アジアからイギリスまで——シラット演武としての「崇拝行為」

東南アジアでシラットを学び、ロンドンでムスリム青少年の教育プログラムとしてシラット演武を教えているアブドゥッラフマーン・ブランシェッ師は、シラットとは単なる武術の型ではなく人間のあらゆる動きに存在する神の叡智を教えてくれるものであると考えている。特に彼のシラット講座ではしばしば、イスラームの礼拝に関するあらゆる動きがシラットの「型」として紹介されている。ある講座でアブドゥッラフマーン師は「ウドゥー（清め）」の型を紹介していた。ムスリムは礼拝を行うためにまず水で身体《からだ》を清める必要があるが、その際の腕や

ナクシュバンディー・シラットの遣い手アブドゥッラフマーン・ブランシェッ

武器（月牙鏟：げつがさん）術を実演する回族武術家の王子平　全球功夫網 より

頭、足の洗い方がいかに人間の肉体の構造的に理にかなった動きであり、かつ演武の観点からいかに美しい「型」であるかを解説し、その一挙手一投足にアッラーへの祈りを込めることの重要性を説いていた。

東アジア――中国武術とスーフィー

中国ムスリム社会、特に回族社会と武術は非常に密接な関係にあるといってよい。武術は回族にとって航海や貿易の際に海賊・盗賊から身を守る実用的な護身術としての側面を持つのみならず、何よりもイスラームの精神修行として重要視されてきた。回族の武術の多くは秘伝とされ、アホンと呼ばれるイスラーム学者が武術を伝授するにふさわしい学徒たちにひっそりと教えてきたといわれている。

回族の武術家たち

回族は数多くの武術の達人を輩出しており、なかでも王子平《おうしへい》（一九七三年没）と常東昇《じょうとうしょう》（一九八六年没）は中国のみならず世界中の武術家の間で知られている。王子平は回族武術の名家の生まれで査拳の達人であった。また、気功法の練功十八法の元となった去病延年二十勢という体操を考案したことでも知られている。イスラーム学にも明るく、クルアーンを独唱しながら巨岩を持ち上げた逸話が残されている。また、欽州《きんしゅう》市にある中国ムスリムの歴史が刻まれたモスクの扉を手に入れようとしたドイツ軍に重量挙げ競争を挑み勝ったと伝えられている。

常東昇もまた武術名家出身であり、武術の技術面のみならず人格も優れていたことから「常勝将軍」、「花胡蝶」と称された。日中戦争の際には常東昇は軍の体育教官職に就き、摔跤《シュアイジャオ》（中国相撲）の普及に努めた。

回族武術

回族が編み出した武術としては、八極拳や心意六合拳、七士拳、査拳などが有名である。七士拳の「七士」は、預言者ムハンマドと四人のカリフ（アブー・バクル、ウマル、ウスマーン、アリー）とアリーの子であるハサンとフサインからなる「七人の聖者」を由来とする。査拳は明《みん》の時代に西域ムスリムの「ジャミール」が編み出した武術といわれ、現在でも華北一帯で伝習されている。

回族系武術の中で特に有名なものは、心意六合拳であろう。回族武術の中でも最も実戦的といわれるこの武術は、一七世紀に生きた武術家姫際可《きさいか》（一六八〇年没）が、岳飛《がくひ》の武術秘伝書を長年にわたる研究の末に復活させた技の体系である。姫際可はこの武術を、後に陝西省《せんせい》の靖遠《せいえん》総鎮大都督を務めるまでに至る高級官僚の曹継武《そうけいぶ》に伝授した。そして曹は河南省出身の回族馬学礼《ばがくれい》と山西《さんせい》省出身の戴龍邦《たいりゅうほう》に技を授け、馬氏心意六合拳は回族の武術として知られていくようになる。

中国イスラーム古典では、イスラームとは「天と人が合一するための法を探す修道の追求」であると説かれている。「内外の統一」である六合を身につけるために、明師を探し技術と人格を磨く武術は、まさに中国イスラーム思想の実践を担ってきたと言えるだろう。またこれらの武術はどれも「回族が編み出し、漢文化として受容され伝統として受け継がれてきた」ものであり、中国イスラーム文化が漢文明に大きな影響を与えてきたことを示す好例である。

第十二章

心の詩、心の音色、詩と音楽

الشعر و الموسيقى

しかと聴け、ネイの音を。それが語る物語を。別離を悲しむその音色を。

ルーミー『精神的マスナヴィー』

イスラームでは最高の詩、音楽は何よりもクルアーンであるとされており、音律・韻律において人間の作ったいかなる歌、詩、音楽もクルアーンには敵《かな》わないとされている。しかし一方で自らの心に湧き上がるなんとも言いようのない感情や情緒をなんとか言葉、音として表現したいというのも古今東西人間の性《さが》であり、ムスリムたちもさまざまな詩、音楽を遺《のこ》している。特に詩の達人として名をはせたスーフィーたちは数多い。一二―一三世紀アラブの詩人イブン・ファーリドの詩は、ムスリム社会におけるスーフィズムの受容に多大な影響を与え、スーフィーの「カノン」として多くのスーフィー思想家たちによって注釈書が書かれた。

またイスラーム詩文化としてはペルシア文学がイスラーム文明に与えた影響は最も大きく、サアディー（一二九二年頃没）の『薔薇園《ばらえん》（グリスターン）』や『果樹園（ブースターン）』、ハーフエズ（一三八九年没）の詩集、ルーミーの『精神的マスナヴィー』は中世イスラーム世界でクルアーン、ハディースに次いでムスリムたちの精神世界や価値観に影響を与えてきた傑作である。これらのペルシア語イスラーム詩は中東のみならず西洋でも広く知られており、ゲーテはハーフェズの詩に感銘を受け『西東詩集』を著している。ルーミーの『精神的マスナヴィー』はスピリチュアルブームの火つけ役であり、西洋にはムスリムではないがルーミーの詩を熱心に読む「ルーミー・マニア」と呼ばれる層も存在する。

ペルシア語のイスラーム詩がグローバルに影響を与えてきた一方、詩は世界各地における「イスラームの現地化」にも大きな役割を果たしてきた。ムスリムたちは毎日の礼拝の中でクルアーンを読誦《どくしょう》するが、日本人が仏教経典をサンスクリット語や漢文で読んでも理解できないのと同じように、古典アラビア語やイスラーム学の教育をちゃんと受けていないと、ムスリムであっても古典アラビア語で書かれたクルアーンの内容は複雑難解である。しかしアフリカやトルコ、中央アジア、南アジア、中国、東南アジアなどでムスリム社会形成期に活躍した現地のスーフィーたちは、大衆にも分かりやすい平易な現地の言葉でイスラームの世界観やスーフィズムの道徳を語り、イスラーム文化の拡大に貢献した。

詩と楽器

また、スーフィー文化では詩を詠《うた》う際には楽器が用いられる場合が多々ある。しかし、イスラーム史を勉強したことのある読者は、しばしば楽器の演奏の合法性がイスラーム社会において議論されてきたことをご存じであろう。結論から言うと、音楽の合法性についてはいまだ決着はついていない。スーフィーの「演奏（サマーゥ）」の合法性はスーフィズム史初期のころから現在に至るまで議論が続いているが、イスラーム法は法源たるクルアーンとハディースの解釈の集積であり、特にムスリム社会を統一するカリフ制が存在しない現代社会において結局は個々人、あるいはムスリム社会がどの解釈を支持するかでしかないからだ。

スーフィーの演奏の合法性をめぐるイスラーム法解釈の一例として、オスマン朝時代の音楽許容派の意見を参考に紹介したい。一七―一八世紀のオスマン朝イスタンブールでは、スーフィーの修行文化の合法性をめぐって社会が二分される時期があった。このスーフィー論争はイスタンブールだけでなく、シリアやエジプトなどのアラブ地域にも波及し、一八世紀シリアのダマスカスでスーフィー思想家兼法学権威として活躍した学者ナーブルスィーは、反スーフィー派の意見に答える形でスーフィーの楽器演奏について次のような意見を残している。

〈戯れのために奏でられた音楽を聴くことはハラーム〈イスラーム法において禁じられた行い〉であり、そのような場に参加することは信仰を損なうとの意見に対して〉ここでの「戯れ」とはイスラーム法に反する娯楽についてであって、イスラーム法において許された娯楽についてではない。あくまでイスラーム法に反した娯楽が楽器をハラームにし、信仰を損なうような遊び場が人々を不信仰へと導くのだ。打楽器の演奏を聴くことが祝祭や結婚式の場で許されているのも同様の理由で、そこでの音楽は禁じられた娯楽ではないからである。特定の音楽や楽器が禁止されているからといって、あらゆる音楽を聴くことが禁止されているという法学判断を行うことは、イスラームという宗教に反する見苦しい態度であり、ムスリムの間での反知性的振る舞いである。

（ナーブルスィー『メヴレヴィー流派の修行法についての真珠の首飾り』）

またナーブルスィーは、当時の法学者気取りの者たちが偉い学者の家を訪ねたときにスーフィーの楽器演奏を聴いても批判せずに褒めたたえる一方で、モスクの授業や講義に参加しているときには鬼の首を取ったように音楽や演奏批判をすることを偽善的だと書きのこしている。

結局は音楽の合法性は演奏者が何のために演奏しているのかによるため、その都度演奏者の個人的見解や文化的背景を考慮に入れて判断するしかなく、音楽禁止説も数多くある解釈のひとつでしかないため、何が「イスラーム的に正しい」のかはすぐに結論が出る問題ではない。

スーフィーと詩

スーフィーの詩は、大きく三つのカテゴリーに分かれる。すなわち、アッラーを賛美する「ハムド」、預言者ムハンマドを賛美する「ナアト」あるいは「サラワート」、スーフィー聖者を讃《たた》える「マナーキブ」である。どれも対象に対する敬愛の情を表現する点で共通している。詩が詠まれる時期や場所も多様で、例えば、預言者ムハンマド賛歌は預言者ムハンマドが昇天しエルサレムまで旅をしたといわれる昇天の日や、預言者の誕生日に好んで詠われ、スーフィー聖者の賛歌は世界各地に存在するスーフィー聖者の霊廟《れいびょう》などで詠われている。神への賛歌、預言者賛歌、聖者賛歌が各地の現地の言葉で書かれることで、ムスリム社会はイスラームにおける神と預言者への愛着を深め、またスーフィー聖者の霊廟を中心にしてスーフィズムの理念を実践しようとするコミュニティが形成されてきた。ここではイスラーム文明各地域の詩を少し紹介したい。

本書でたびたび紹介している一七ー一八世紀中国で活躍したスーフィー思想家劉智《りゅうち》の『五更月』は、神の創造の神秘と人間完成の道を日没から夜明けまでの月の動きに見立てて表現した詩である。


一更のはじめ、月は今まさに地平から姿を現した。

よく理解しなさい。真帝（アッラー）は影も形もなく、その姿を喩《たと》えることは難しく、言い表すことは不可能だ。

かの御方の存在は今までもこれからも永遠にあり続け、始まりも終わりもなく、ただ独りにして比類するものなし。

月が昇る過程は人間完成の道であり、その修行の方法と目的が表現される。

二更の中頃には満月となる。

呼吸によって気を整え、息を無駄にしてはならない。

飲食、睡眠を減らし、
常に心に真言（アッラー以外に神はなし。ムハンマドは神の使徒である）を留《とど》めよ。

青龍剣を決してその手から離さず、恩愛を断ち切り、妄縁を取り除け。

今このときから一歩一歩前進し、道の岸に上り真元（神）を見よ。

そして月が沈む五更の段階では、人間は長年の修練によって我欲を克服し、自我と他我の境界線は消滅し、あらゆるものは真存在（アッラー）へと帰ってゆく。この段階をスーフィズムでは「消滅における消滅（ファナー・フィー・ファナー）」という。


五更の終わり、月はまた地平に沈んでゆく。

あらゆるものは真理へと帰り、大羅天へと登っていく。そこにはもはや色も形も、音も香りもなく、ただ静寂だけが存在する。

一芥は小さくとも、それは森羅万象を包み込み、今このときは永遠となる。

神への賛歌

次にウルドゥー語のアッラー賛歌を紹介したい。

ムガル帝国期パンジャーブの代表的詩人シャー・フサイン（一五九九年没）はアッラーへの

愛を次のような詩で語っている。

神よ　あなたは我が心境を知るお方
あなたは我が裡《うち》にも外にもおわします　小さな毛の一本一本にもあなたが
あなたは縦糸　あなたは緯糸《よこいと》　わたしのすべてはあなた
身卑しきファキール〈貧者〉フセインは申します　わたしはなく　すべてはあなた

（シャー・フサイン。詩の訳は野上郁哉「私的音楽研究その参　カウワーリー（イスラーム神秘主義集団歌謡）とスーフィー詩について」から引用）

ヌスラト・ファテ・アリー・ハーン
写真：AP/アフロ

南アジアでは前記のようなスーフィー詩を高らかに歌い上げるカウワーリーという歌謡の演奏家たちがおり、パキスタンでは今でもこの伝統が受け継がれている。例えば、ヌスラト・ファテ・アリー・ハーン（一九九七年没）はパキスタンのパンジャーブ出身の伝説的カウワーリーの歌い手であり、イギリスの音楽雑誌「Q」で「歴史上最も偉大なシンガー100人」にも選ばれている。

預言者賛歌

預言者賛歌もイスラーム世界各地に存在するが、基本的に預言者の徳の高さや「昇天（ミウラージュ）」の奇跡を讃えたものが多い。スーフィー思想家の預言者賛歌は、彼らの神秘哲学の影響が色濃く出る場合が多い。オスマン朝期に広く詠まれた次の短い詩がある。

神が人を愛しているからこそ、ムハンマドは現世にやってきたのだ。
ムハンマド（への敬愛の情）のない愛に何の意味があろう？

詠み人知らず

この詩は神聖ハディースである「お前（ムハンマド）がいなければ、私はこの世界を創造しなかった」を典拠としている。イスラームでは一般的にはまず世界が存在し、そこに人間が創造され、その導きとして預言者が遣わされたと考えられている。しかし、スーフィー思想家はまずアッラーの御許にはムハンマドがおり、そのムハンマドを深く愛しているからこそ彼が生き、その使命を果たす場所として世界を創造したと考える。人間のために預言者が送られたのでなく、預言者のためにその舞台としての世界が用意されたのである。

この詩のように、天地の創造以前から存在する「ムハンマド」はスーフィーの預言者賛歌でよく扱われるテーマである。例えば一六－一七世紀オスマン朝で活躍したスーフィー思想家アズィーズ・マフムト・ヒュダーイー（一六二八年没）が書いた次の詩がある。

アダムがいまだ土塊《つちくれ》であったときから、
すでにあなた（預言者ムハンマド）は預言者だったのです。
預言者の長と呼ぶにふさわしいお方です、アッラーの使徒よ！

この詩はスーフィズムにおける「ムハンマド的真実在（ハキーカ・ムハンマディーヤ）」という神秘哲学を下敷きにした預言者賛歌である。イブン・アラビーの神秘哲学を奉ずるスーフィー思想家は、六－七世紀に預言者として生きた歴史的実在としてのムハンマドを超え、あらゆる存在物に真理の光を与える超次元的真実在「ムハンマドの光」説を唱えた。預言者ムハンマドはこの「ムハンマドの光」が人間として顕現した存在であり、光はあらゆるものが存在する以前からアッラーの傍《そば》にいたという。ヒュダーイーの詩は、最初の人間アダムが創造される前から万物を導く光として存在していたムハンマド的真実在を讃えているのである。

スーフィーと音楽

カウワーリーの伝統に見られるように、スーフィーたちは詩だけでなく、音楽にも卓越していた。例えば、第十章で紹介したトルコのメヴレヴィー教団は楽器演奏も修行に取り入れることで知られている。一九二五年にトルコ共和国内のスーフィー教団の修行場が閉鎖されたことにより、音楽や踊りの継承は困難となったが、トルコ共和国初期には理論と実践、すなわち神秘哲学と音楽双方を究めた導師たちがまだ数多く残っていた。オスマン帝国末期からトルコ共和国初期にかけて活躍したトルコのリファーイー教団導師ケナン・リファーイー（一九五〇年没）は、ルーミーの『精神的マスナヴィー』の注釈者としても知られているが、ネイの演奏家、作詞家でもあった。現在でもケナン・リファーイーの書いた讃美歌は『ケナンのイスラーム讃美歌集（イラーヒーヤート・ケナン）』として出版されている。またケナン・リファーイーの作詞した讃美歌に曲をつけたイッゼッティン・ヒュマーイー（一九五〇年没）もスーフィーであった。スーフィー教団導師の家系に生まれ、宗教歌と近代西洋音楽の教育を受けたトルコ共和国初期を代表する作曲家であったイッゼッティン・ヒュマーイーは、ケナン・リファーイーの作詞したイラーヒー（宗教歌）の内から三十の詩に曲を提供したことで知られている。現在出版されているバージョンでは楽譜も五線譜が使用されており、我々でも比較的演奏しやすい曲となっている。

スーフィーと楽器

ネイはノンリードの葦笛《あしぶえ》で、ウード、カーヌーンに並び中東古典音楽における三大楽器に数えられる。特にネイはスーフィー修行者の間で好まれ、よく演奏されている楽器で、まさしく「スーフィーの楽器」と呼ぶにふさわしい。例えば章冒頭にも掲げたが、メヴレヴィー教団の祖であるルーミーの金字塔『精神的マスナヴィー』は「ネイの音を聴け」という言葉で始まっている。

しかと聴け、ネイの音を。それが語る物語を。別離を悲しむその音色を。

作曲家イッゼッティン・ヒュマーイー

楽器を演奏するメヴレヴィー教団の修行者たち

ネイがスーフィーによって好まれる理由はいくつかある。ひとつはネイの構造で、ネイは笛であるため中が空洞になっており、外部から息を吹き込まれることで初めて音を奏でることができる。このような特徴からネイは空虚でありながら、アッラーから慈悲の息を吹き込まれることによって命が宿り生きることのできる創造の神秘のシンボルとみなされた。またネイが奏でるなんともいえない侘《わび》しい音は、現世に落とされたことによる神との別離に悲しみ、再び神の御許に帰ることを望む人間の魂の「声」を映し出しているという。このあたり、スーフィーとネイは日本における虚無僧《こむそう》と尺八に似ているかもしれない。

旋法とは、音階を音程関係、主音の位置、音域などの観点からさらに細かく分類した音列のことを指すが、中東やイラン、中央アジアでは独自の旋法システム「マカーム」が発達した。一三世紀西アジアのアッバース朝で宮廷音楽家として活躍し、バグダード陥落後はフレグ・ハーンに召し抱えられ、イルハーン国に仕えたサフィー・アッディーンは、主要なものをマカーマート、派生的なものをアーヴァーザートと呼んだ。サフィー・アッディーンはマカームの基本をウッシャーク、ナヴァー、エスファハーンなど十二種類に分類し、これらは現在でも中東音楽の旋法として受け継がれているが、スーフィー音楽家たちはマカームをテーマに即して三種類に分類している。

1　ガラーミー・マカーム

ウッシャーク、ヒジャーズ、フサイニー、ラースト、フッザームなどの旋法で、「愛の旋律」という意味を持つ。アッラーや預言者への愛を表現する旋法である。

ウッシャーク旋法の例

セガー旋法の例

ヒジャーズキャール旋法の例

2　ウフレヴィー・マカーム

セガー、サバーなどの旋法で、天国の旋律という意味を持つ。ウフレヴィー・マカームは現世の儚《はかな》さやうつろいやすさ、来世の永遠性などを表現する旋法である。

3　タスヴィーリー・マカーム

ニヴァーヴァンド、アジェマシーラーン、ヒジャーズキャールに代表される旋法で、「心象の旋法」という意味を持つ。心に湧き上がるさまざまな感情や心象風景を絵画のように表現するための旋法である。

スーフィー音楽家たちは、アッラーと預言者を讃え、現世の儚さと来世の永続性に思いを巡らし、人の心のなんとも捉えがたい複雑さを音で表現し続けてきたのである。

第十三章

人の心——絶望と希望

بين اليأس والرجاء :الإنسان الكامل

人間の中には天使、ジン（精霊）、獣、鳥に至るまで、
大宇宙（マクロコスモス）におけるあらゆるものが存在する。
大地や諸天、あるいは神の玉座でさえも抱えることのできない多くのものを、
人間の心は抱えることができるのである。

タシュキョプリザーデ『人間の代理人性と倫理的統治の神秘』
（一六世紀トルコのイスラーム学者）

見えないものこそ「リアル」

現代社会に生きる我々は、見えるものがリアルで、見えないものはリアリティがないという世界観で生きている。それに対して近代以前の世界観では、本当のものはむしろ天上（あるいは地下）の見えない世界に存在していて、一瞬前と今で変わっていくような我々の生きているこの見える世界は、あくまでも仮象の現実でしかない。スーフィズムもまさにこのような世界

観に立脚している。

これまで紹介してきたさまざまな修行は、「見える世界」と「見えない世界」を渡り歩く術《すべ》を学び、精神を研ぎ澄ますことで、最も深遠な不可視の存在たる「神」のリアリティに迫ろうとする試みである。そして、スーフィー聖者の中でもさまざまな修行を乗り越え、「心の支配者（スルターン）」となった者を「インサーン・カーミル」と呼ぶ。スーフィズムの修行論はすべてこの「インサーン・カーミル」の境地に到達するための術を学ぶ営みであり、スーフィズムの哲学はすべてこの「インサーン・カーミル」から見た世界とはいかなるものなのかを説いているのだ。

インサーン・カーミル——まことの人

インサーンは「人間」、カーミルは「完全な、完璧な」という意味を持つアラビア語で、イブン・アラビーの神秘哲学の世界的権威である井筒俊彦はインサーン・カーミルを「完全人間」と訳している。スーフィズムの修行書ではカーミルは「完全、完璧さ」に加え「統合性、包括性、調和性」の意味で使われていることが多い。つまりこの世界と人の理《ことわり》をあるがままに完璧に理解し、その調和と均衡を自らの徳に体現し、バランスの取れた感情と心によってあるべき道を照らし出すことのできる人の理想形である。スター・ウォーズ風にいえば「フォースにバランスをもたらす」人間であろうか。

スーフィズムにおいてインサーン・カーミルは、神秘哲学では世界の秩序を守る超越的存在者として描かれ、政治哲学では、国を統治する支配者の理想形として提示され、倫理学では預言者ムハンマドの徳を体現する個々人の理想形として説かれるなど、ジャンルによってその描かれ方は異なる。しかし「統合、包括、調和」を体現するという点で共通している。

不可視界のヒエラルキー

スーフィズムの世界観によれば、スーフィー聖者たちは昼夜世界を飛び回り、綻びがあれば繕い、争いがあれば調停し、悲しみに暮れる人がいれば傍に寄り添うことにより世界の秩序が守られているのだという。この世界を飛び回るスーフィー聖者たちにはヒエラルキーがあり、個々の役割はそのヒエラルキーごとに分かれている。

世界を支える聖者たちはヒエラルキーの階層ごとに異なる名前を持っている。見えない世界のヒエラルキーを解説したスーフィズム初期の思想書であるフジュウィーリー著『隠されたるものの開示』では、選良は三百人、代替人は四十人、徳信者は七人、柱は四人、長は三人、軸は一人いるとされる。この聖者たちはスーフィズムの修行だけに専念した人である必要はなく、例えばイスラーム法学におけるシャーフィイー法学派の祖、イマーム・シャーフィイーはスーフィーたちには「支柱」であったと信じられている。

仏教にも弘法大師が空を飛んでいたなど似たような伝説はあるが、このような不可視の王国のヒエラルキーは、現代社会に生きる我々にとっては荒唐無稽に聞こえるかもしれない。しかしここで重要なのは、実際にこのような人間がいるのかいないのかを議論することではなく、このような世界観があるとすれば、その中で自分は何をするべきなのかを考えることである。

例えば代替人は、アッラーからこの世界の秩序を守るためにこの世に送られた「選ばれし人間」であるが、同時に彼らが亡くなればアッラーによってすぐさま「代わりの人間」が補充されるといわれている。つまり「代替人」とはどれだけ精神力や知力、身体能力に恵まれていようと自らは世界の秩序を維持するために努める人間たちの営みのほんの一部に過ぎないことを自覚し、今、このときに自らに課せられた神命を果たすことだけに専念する心境を獲得した者を指す。己の役割を受け入れている代替人は、「自分にしかできない何か」を探すこともなければ「自分探し」の旅に出ることもないし、周りから認めてもらいたいという欲求もない。「まことの人は、智もなく、徳もなく、功もなく、名もなし。誰か知り、誰か伝へん」（『徒然《つれづれ》草《ぐさ》』第三十八段）の境地である。

人気マンガ『鬼滅《きめつ》の刃《やいば》』第二十巻において、超人的な身体能力を生来的に持つ縁壱《よりいち》に、努力の人ではあるが弟ほど才覚に恵まれていない双子の兄巌勝《みちかつ》が、二人の剣術の後継者がいないことを嘆いたところ、縁壱が「私たちはそれ程大そうなものではない。長い長い人の歴史のほんの一欠片《ひとかけら》」と穏やかに諭すシーンがある。その言葉を聞いているときの巌勝の複雑な表情が印象的だ。

つまるところ、恵まれている人間とは、自分よりもさらに恵まれた人間が天、イスラームでは神によって選ばれ、さらにいずれ己を超えていく可能性を受け入れられる心の力を持っている人である。反対に、己の人生が己のためだけに完結しているような人は、むしろ己の不足に囚《とら》われていく。

この境地について、トルコのスーフィー詩人ユヌス・エムレが遺《のこ》した興味深い詩があるので紹介したい。

ああ神さま、もし私を咎《とが》めたいのなら
これが私の率直な答えです

確かに、私は出来損ないの罪人です
しかし、私は王たるあなたに何をしたというのですか

私は何者ですか？　あなたが私を創ったのではないのですか？
慈悲深き神よ、なぜ私を罪で汚したのですか

眼《め》を開ければ私は牢獄《ろうごく》に囚われの身
周りは悪魔と誘惑と嘘《うそ》だらけ

それでも飢え死にしたくなくて
何度も何度も　泥水をすすり生きてきました

私のせいであなたの御力は弱まりましたか？
私みたいな人間が神を超えることなど一度でもありましたか？

私はあなたが得るべき恵みを食べましたか?
あなたから何かを奪い、あなたが飢えることなどありましたか?
私の命を奪ってもなお、まだ復讐《ふくしゅう》を望んでいるのですか?
肉が腐りきって　私は暗い土の中
あなたは天国に至る一本の髪の毛のような細い橋を架け、「渡れ」と仰《おつしや》った
それでも結局私はしくじるのだ　自業自得

この髪の毛のように細い橋をどうやって渡れと言うのか?
すべり落ちるか　しがみつくか　飛び下るしかない

この橋を渡り切らせるのは　自力ではなく神の恩寵《おんちょう》に他ならない
橋を渡るとき　かの御方は天国の美酒を飲ませ給《たま》う

人は善のために　橋を架ける
修行の果てに渡り切るために

正しくありなさい　あろうとしなさい
誰が見ても　これこそが正道と言えるために

修行を一歩一歩確実に修めた、俯仰天地《ふぎょうてんち》に愧《は》じない高潔な魂の持ち主とは全く正反対の、およそ人生において失敗という失敗を犯し続けた人間の独白のような詩である。しかし、筆者はこの詩こそスーフィズムの修行の果てに人間がたどり着く境地のひとつを表しているのではないかと思う。何かを得ようとすることは何かを失うことであり、善を望むことは悪に惑わされることである。スーフィズムの心の階梯《かいてい》論では「心の旅の友は悔悟」といわれるように、修行を続けることは後悔の連続に他ならない。しかし、ユヌス・エムレのこの詩は失敗と後悔だけでは終わっていない。スーフィズムの修行とは、己がいかに無力で弱い人間であるかを受け入れる絶望と、それでも諦めず、より高みに到達するための礎《いしずえ》を築き未来に望みを託す希望により成り立っているのではないか。そして、その心の境地を獲得したとき、人は「インサーン・カーミル」となり、見えない世界から人々を支えることができるのではないだろうか。

ベクタシーの冗談話

そして、最後にもうひとつ、絶望を超えた希望の境地を示すスーフィズムの一側面を紹介して本書を終わりたい。それはベクタシー教団と呼ばれるスーフィー教団の精神である。

ベクタシー教団は一三世紀に活躍したスーフィー聖者ハジュ・ベクタシュがアナトリア半島で結成した修行集団である。預言者ムハンマドの従弟アリーに対する崇敬などシーア派の十二イマーム派やアレヴィー派との類似性も指摘されている。ベクタシー教団の信仰実践に関しては、それが異端的であるとしてしばしば他のスーフィーや法学者から批判を受けてきたが、各地の土着信仰やローカル文化を習合した彼らのスーフィー文化は農民などの一般層から神秘哲学を奉ずるエリート層にまで広がり、特にイスタンブールではイェニチェリ（オスマン帝国の常備歩兵軍団）と密接な関係があったとされる。オスマン帝国スルターンのマフムト二世の改革や、一八世紀以降のスンナ派主義が強いナクシュバンディー教団ハーリディー流派のアナトリア進出に伴い一時勢力を落としたが、現在でもトルコだけでなくアルバニアなどでも勢力を保っている。

ベクタシー教団の教義は、イブン・アラビーの存在一性論の影響を強く受けた神秘主義的なものであるとされているが、大衆の間で知られているベクタシー教団の特徴はそのような深遠なものではなく、「ベクタシーの戯言《ざれごと》」と呼ばれる冗談話である。

日本における一休さんのとんち話に似たような、ベクタシーの修行者があの手この手を尽くしてなんとかイスラームの信仰実践や修行から逃げようとしたり、言い訳を探そうとしたりする小話で、ちゃんとした「オチ」も存在する。いくつか「ベクタシーの戯言」の例を紹介したい。

ベクタシー教団で用いられる完全人間（インサーン・カーミル）をかたどったアラビア書道

Meryem Günana, "Alevi ve Bektaş Yazı-Resim Sanatında İnsan Sureti", *Türk Kültürü ve Hacı Bektaş Veli Araştırma Dergisi* / 95 (September 2020): 328. より

あるとき、スルターンの命令でワイン作りが禁止され、ワイン作りが見つかった者は斬首されるという厳しい取締りが行われていた。

ぶどうの収穫の時期が来ると、ベクタシーの導師はぶどうの果汁を壺《つぼ》に詰めた。それを知ったスルターンは、修行者のぶどうの壺を確認しにやってきて、怒りながら尋ねた。

「お前はなぜぶどうの果汁を壺に詰めたのだ」

捕まった導師は慌てふためきながら、こう答えた。

「ぶどうから酢を作ろうと思ったんです」

スルターンは少し語調を和らげて、もう一度尋ねた。

「お前はお酢を作っていたというが、発酵の過程でそれがワインになったらどうするのだ?」

ベクタシーの導師はニヤリと笑いながらこう答えた。

「お酢になるかワインになるか……それは、まあ、アッラーの思《おぼ》し召しじゃないですかね?」

イスラームでは飲酒は禁止されているのだが、どうしても我慢できなくてなんとかワインを手に入れようとするベクタシーの修行者の冗談話である。お酒が好きな方は親近感を覚えそうな話ではないだろうか。ここの「アッラーの思し召し」はアラビア語で「インシャー・アッラー（アッラーが望むのであれば）」と言い、ムスリムが日常でよく使う表現である。例えば、明日会う約束をムスリムの友人とすると、彼らは「インシャー・アッラー（アッラーが望むのであれば)」と言い、「必ず会いましょう」と確約することは避ける。これは、この世で起ることとはすべて神の思し召しであって、我々人間に決定権はないのだというイスラームの基本的な世界観に立脚している。日本でも神社でお酒が奉納されるように、発酵現象は微生物が発見される前は神的な作用が働いていると考えられていた。自分は望んでアルコール飲料を作っているのではない、このぶどうの果汁がお酢になるかワインになるのかも発酵現象を含めたこの世のすべての出来事を定めるアッラーが決めること（インシャー・アッラー）ではないか、とベクタシーの導師はスルターンを煙《けむ》に巻こうとする。だからといってワインができ上がったら「神の思し召し」なので飲んでいいというわけではないという別の問題が当然生じるのだが、ここは罰という権力をもって「正しいイスラーム」に民をひっぱろうとする権力者の生真面目さをベクタシーの導師は諫《いさ》めているようにも見える。

また別の冗談話では次のようなものがある。

ある男が、別の男にこう聞いた。

「今年は何日断食できたかい？」

別の男は言った。

「今年は病気になって、一日しか断食できなかった」

その場にいたベクタシーの導師に同じ質問をすると、導師はこう答えた。

「そりゃあすごい、旦那は私よりも一日も多く断食してるじゃないか！」

イスラームでは一年の内、断食月（ラマダーン）と呼ばれる一か月は、夜明けから日没までの間飲食を控える信仰実践があるのだが、ようするにこのベクタシーの導師は一日も断食できなかったのである。断食はスーフィーの特別な修行でもなんでもなく、いわゆるイスラームの六信五行の内のひとつであり、ムスリムとして生きるための義務の実践である。修行はおろか義務もまともにできず、さらにユヌス・エムレの詩のように過ちを後悔しているようにも見えないような人間がなぜ導師なのか、と思われるかもしれない。

しかし、私はこの冗談話こそ、スーフィズムの修行の円環を完成させる最後にして最初の要素なのではないかと考えている。神学はムスリムと非ムスリムを分かつ信仰の境界を定め、法学はムスリムとして生きるためのさまざまな規範を考察する。一方、スーフィズムは「より良いムスリム」となるための修行の道筋を提示し、師匠と共に心身を訓練していくプロセスである。しかし、悟りを志した人間のすべてが着実に修行を一つひとつこなせるわけではないし、失敗や後悔を抱えながらも一歩一歩前に再び歩み出していけるわけでもない。時にはひとつの失敗をきっかけにさらに底へと落ちていくこともあるし、後悔を引きずってしまい、暗闇から抜け出せなくなることもあるだろう。「より良いムスリム」であろうと志した人こそ、実はこのような悪循環に陥ってしまうことがあるのではないか。過ちを過ちとして、失敗を失敗として、人生における取り返しのつかない刻印として捉えてしまうと、自らを責め罰することに執着していってしまう。しかし、それもまた自我に囚われることである。

例えばスーフィズムの古典の金字塔として現在でも注釈が書かれ続けているイブン・アターイッラーの『箴言《しんげん》』は次の言葉で始まる。

過ちを犯してしまったときに自分はもう救われない、と希望を失ってしまうのであれば、それは自らの力を過信している証拠だ。

成功すれば救われる、失敗すれば罰せられる、善を行えば称賛される、悪に陥れば批判される、修行を果たせば幸せになれる、失敗したら不幸になる、このような自分の頭の中で作った範囲の因果の世界で生きていると、スーフィーは修行の本分からやがて離れて行ってしまう。

スーフィーの修行者はアッラーの真理、すなわち神の完全性を理解するために努力するのであって、より良い人間となること自体は最終目的ではない。

冗談話に登場するベクタシーの導師たちは過ちを肯定しているのではなく、過ちを犯してしまう人間という生き物の業を見つめ、「人間ってそもそもそんな立派なものじゃないのでは?」と人々に問うているのだ。この世の被造物が何を望もうがどんな過ちを犯そうが、結局何が救済で何が罰か、誰に真理を授け誰に授けないか、誰を称賛し、誰を非難するかを決めるのは創造主アッラーただ独りである。究極的には、失敗した自分自身を責める権利すらも人間にはなく、この世で起きたことのすべての意味はアッラーだけが知っている。ならば、スーフィズムの修行にとって重要なのは、「真理を理解する」ことではなく、「真理を得たいと志し、修行という旅を生涯にわたって続けていく」その過程そのものに価値を見出《みいだ》すことである。そして、そのような過程の尊さを示すのがスーフィズムの導師、すなわちセンセイの使命であるならば、一歩先を行って「あこがれの存在」として修行者を導いたり、共に歩んでくれたりする者だけがセンセイではない。失敗を重ねて転げ落ちてしまった絶望の底で、修行者のとなりで同じように地面に倒れながら「いやあ、どうも失敗したね」と現状を笑い飛ばしてくれる存在もまたセンセイなのだ。

ベクタシーの「笑い」は決して無責任な逃げではなく、もしかしたら地獄の罰が待ち構えるような過ちを重ねた人生にあっても、絶望を笑い飛ばし、希望を失わず「道中を楽しむ」心のしなやかさを持って何度でも人生をやり直せ、という叱咤《しった》激励なのである。

あとがき

「スーフィズムとは何か？」

イスラーム文明の中で何百年も議論されてきたテーマに対し、本書は明快な答えは出せていない。それは哲学でもあるし、瞑想《めいそう》でもあるし、詩を書くことでもあるし、料理をつくることでもあるし、音楽を演奏することでもある。あるスーフィーは修行の大切さを説いたかと思えば、別のスーフィーはそんなことしなくても神への愛さえあれば十分だという。

イスラーム世界にはさまざまなスーフィズムの流派があるが、それでも自分ひとりの中から引っ張り出せるものには限りがある、という見解はおそらく一致している。哲学問答も修行も師匠との対話や導きなしにはありえない。料理や音楽もそれを食べたり、聴いたりしてくれる他者がいてはじめて成り立つものである。

また、スーフィズムは真理そのものよりもそれに至る過程を重んじるが、それは反対意見を論破することで己の正しさを証明したり、毎日の修行のノルマを着々とこなしたりといった成功体験の積み重ねを評価しているのではない。そういう自分の力で「答えに到達できる人間」、「こつこつと努力できる人間」、「正しさを積み重ねられる人間」はそもそもスーフィズムを必要としていない。

スーフィズムは、むしろ本書で紹介された修行はおろか、何もできなかった、あるいは失敗しか積み重ねていない絶望にあって、それでもアッラーによって生かされている「いま」を受け止めて、自分の人生の中に何か少しでも正しさがあって欲しいと望む人に向けられている。自分の中から引っ張り出せる美しさや豊かさなど何もないから、誰かのために道を究めるのだ。

そのような営みを、何か特定の要素に還元して分かりやすく定義するのは野暮だろう。


本書の執筆にあたって、まず学部時代から変わらず私を指導してくれている中田考先生、大学院からの指導教官である東長《とうなが》靖先生に感謝を捧《ささ》げたい。また、学部時代、大学院時代とも多くの友人・同僚に恵まれた。彼らとの切磋琢磨《せっさたくま》する日々がなかったら私は生きていない。また参考文献の整理で協力してくれた木村風雅さんにも感謝を申し上げたい。最後に、遅筆な私を辛抱強く導いてくださった編集の伊藤直樹さんにもお礼を申し上げたい。

主な参考文献

●アラビア語文献

al-Baqlī, Rūzbahān. *‘Arā’is al-Bayān fī Ḥaqā’iq al-Qur’ān*. vol. 1-3. Dār al-Kutub al-‘Ilmīya. 2008.

al-Ghazāli, Abū Hāmid. *Kitāb al-Arba‘in fī Usūl al-Dīn fī al-‘Aqāid wa Asrār al-‘Ibādāt wa al-Akhlāq*. Dār al-Bashīr. 2003.

al-Ghazāli, Aḥmad ibn Muḥammad. *Mukhtaṣar Kitāb Ihyā’ ‘Ulūm al-Dīn*. al-Hā’ia al-Misrīya al-‘Āmma. 2008.

al-Jāwī, Muḥammad Nawawī. *Targīb al-Mushtāqīn li-Bayān Manẓūma al-Sayyid al-Barzanjī Zayn al-‘Ābidīn*. n.p.. n.d.

al-Jāwī, Muḥammad Nawawī. *Naṣā’iḥ al-‘Ibād*. n.p.. n.d.

al-Kurdī, Muḥammad Amīn. *Tanwīr al-Qulūb fī Mu‘āmala ‘Allām al-Guyūn*. Maṭba‘a al-Ṣabāḥ. 1991.

al-Kāshānī, ‘Abd al-Razzāq. *Mu‘jama Iṣṭilāḥāt al-Ṣūfīya*. Dār al-Manār. 1992.

al-Kashifī, Ḥusayn ibn ‘Alī. *Rashaḥāt ‘Ayn al-Ḥayāt*. Dār al-Kutub al-‘Ilmīya. 2008.

al-Nābulsī, ‘Abd al-Ganī. *Kitāb Īḍāḥ al-Dalālāt fī Samā‘ al-Ālāt*. n.p.. n.d.

al-Naqshbandī, Amīn ‘Alā’ al-Dīn. *al-Islām wa al-Taṣawwuf*. al-Dār al-‘Arabīyya al-Mawsū‘āt. 2009.

al-Sulamī, ‘Abd al-Raḥmān. *al-Muqaddima fī al-Taṣawwuf*. Dār al-Jīl. 1999.

Dihlawī, Shāh Walī Allāh. *al-Tafhīmāt al-Ilāhīya*. 2 vols. n.p..n.d.

Er, Muḥammad Amīn. *al-Jāmi‘ al-Mutūn al-Dirāsīya*. Dār al-Andalus. 2011.

Er, Muḥammad Amīn. *al-Majmū‘a al-Rasā’il al-Dīnīya fī ‘Ulūm al-Mukhtalifa*. Atlanta: Dār al-Andalus. 2010.

Er, Muḥammad Amīn. *al-Mukhtār min Maltūbāt al-Imām al-Rabbānī al-Sirhindī*. n.p.. n.d.

Niyās, Ibrāhīm. *Durūs wa Ḥikam min Aqwāl Shaykh al-Islām al-Ḥājj Ibrāhīm Niyās*. n.p.. n.d.

Özdalga, Elisabeth. *Naqshbandis in Western and Central Asia: Change and Continuity*. Swedish Research Institute in Istanbul. 1999.

●ウルドゥー語文献

Zauqi, Mohammad. *Sirr-i Dilbarān*. Mahfil-e-Zauqia. 1998.

●インドネシア語文献

al-Attas, Syed Muhammad Naquib. *Islam Dalam Sejarah Dan Kebudayaan Melayu*. Angkatan Belia Islam Malaysia. 1990.

Bruinessen, Martin van. *Kitab Kuning. Pesantren dan Tarekat*. Gading Publishing. 2012.

●トルコ語文献

Bahadıroğlu, Mustafa. *Vakiat-i Hüdayi'nin Tahlil ve Tahkiki* (1. cilt). Yayınlanmamış doktora tezi. Uludağ Üniversitesi Sosyal Bilimler Enstitüsü. 2003.

Barkçin, Savaş Ş. *40 Makâm 40 Anlam*. Ketebe Yayınları. 2018.

Bardakçı, Necmettin. "İsmail Hakkı Bursevî'nin Musa-Hızır Kıssası Yorumunun İlim-Mârifet Uygunluğu Açısından Değerlendirilmesi". *Süleyman Demirel Üniversitesi İlâhiyat Fakültesi Dergisi* 5. 1998. 81-103.

Günana, Meryem. "Alevi ve Bektaş Yazı-Resim Sanatında İnsan Sureti". *Türk Kültürü ve Hacı Bektaş Veli Araştırma Dergisi* / 95 (September 2020): 323-333.

Gündüzöz, Güldane. *Derviş Lokması*. Ketebe Yayınları. 2023.

Halıcı, Feyzi. *Ali Eşref Dede'nin Yemek Risalesi*. Atatürk Kültür Merkezi Yayınları. 1992.

H. Dursun Gümüşoğlu, H. Dursun & Hüseyin Cılga. *Yayınlanmamış Bektaşi Fıkraları ve Bektaşi Fıkralarında İrfan*. Post Yayınevi. 2019.

Karamağaralı, Beyhan. "Ereğli Şeyh Şihâbüddin Sühreverdî Külliyesi Kazısı". VII. Vakıf Haftası (5-7 Aralık 1989). Ankara 1990. 255-278.

Soysal, Sahrap. *Derviş Sofraları*. Doğan Kitap. 2007.

Taşköprizade, Ahmed Efendi. *Ahlak ve Siyaset Risaleleri*. İstanbul Medeniyet Üniversitesi Yayınları. 2016.

Yıldız, Fatih. *Halveti Azizlerinin Etvar-ı Seb'a Risaleleri*. Büyüyenay Yayınları. 2019.

●英語文献

Abu-Manneh Butrus. "Transformations of the Naqshbandiyya. 17th-20th Century: Introduction." *Die Welt des Islams* 43 (3). 2003. 303-308.

al-Attas, Syed Muhammad Naquib. *The Origin of the Malay Sha'ir*. Perchetakan Art. 1968.

al-Attas, Syed Muhammad Naquib. *A Commentary on the Ḥujjat al-Ṣiddīq of Nūr al-Dīn al-Rānīrī*. Ministry of Culture. 1986.

al-Attas, Syed Muhammad Naguib. *The Mysticism of Ḥamzah Fanṣūrī*. Thesis submitted for the Degree of Doctor of philosophy in the University of London School of Oriental and African Studies. 1996.

Bruinessen, Martin van. "Kitab kuning: Books in Arabic script used in the Pesantren milieu; Comments on a new collection in the KITLV Library." *Journal of the Humanities and Social Sciences of Southeast Asia and Oceania* 146 (2). 1990. 226-269.

Farrer, D. S. *Shadows of the Prophet: Martial Arts and Sufi Mysticism*. Springer. 2009.

Gilham, Jamie. *Loyal Enemies: British Converts to Islam. 1850-1950*. Oxford University Press. 2014.

Gilham, Jamie. *Victorian Muslim:Abdullah Quilliam and Islam in the West*. Oxford University Press. 2014.

Halıcı, Nevin. *Sufi Cuisine.* Saqi Books. 2005.

Khamouch, Mohammad. *1001 Years of Missing Martial Arts*. 2007. Foundation for Science Technology and Civilization.

Michot, Yahya M. and STAS. Lina. "Ibn Taymiyya's Fatwa on Martial Arts Training ." *The Muslim World* 108. 2018. 419-445.

Michot, Yahya M.. "Textes spirituels d'Ibn Taymiyya (Nouvelle série). XXVII. La futuwwa." Hartford International Unviersity. 2019. 1-17.

Ricklefs, M. C. (edi.). *Islamic and Indian Mysticism in an Indonesian Setting*. LITLV Press. 1995.

Ricklefs, M. C.. *Mystic Synthesis in Java: A History of Islamization from the Fourteenth to the early Nineteenth Centuries*. East Bridge. 2006.

Ridgeon, Lloyd. *Jawanmardi: A Sufi Code of Honour*. Edinburgh University Press. 2011.

Ridgeon, Lloyd (edi.). *Javanmardi:The Ethics and Practice of Persianate Perfection*. Gingko Library. 2018.
Soileau, Mark. "Conforming Haji Bektash: A Saint and His Followers between Orthopraxy and Heteropraxy." *Die Welt des Islams* 54. 423-459.
Weismann, Itzchak. "The Forgotten Shaykh: ʿĪsā al-Kurdī and the Transformation of the Naqshbandī-Khālidī Brotherhood in Twentieth-Century Syria." *Die Welt des Islams* 43 (3). 373-393.
Wright, Zachary. "Introduction: The Sufi Scholarship of Islamic West Africa." *Jihad of the Pen: The Sufi Literature of West Africa*. AUC Press. 2018.
Wright, Zachary. *Realizing Islam: The Tijaniyya in North Africa and the Eighteenth-Century Muslim World*. The University of North Carolina press. 2020.

●中国語文献

劉智「五更月」、呉海鷹（主編）『回族典藏全書』第26巻、甘粛文化出版社、二〇〇八年
劉智、王潤生（訳）『天方典礼択要解今訳』宁夏人民出版社、二〇一八年

●日本語文献

アブー・アブドゥッラフマーン・スラミー（著）、中田考（監訳）、山本直輝（訳）『フトゥーワ―イスラームの騎士道精神』作品社、二〇一七年
岡本浩一『心理学者の茶道発見』淡交新書、二〇一七年
ガザーリー（著）、中田考（監訳）、山本直輝（訳）『要約 イスラーム学知の革命』作品社、二〇二二年
川本正知「ナクシュバンディー教團の修行法について」「東洋史研究」四二巻二号、一九八三年、二八五―三一七頁
黒岩高「中国ムスリムの武術」、中国ムスリム研究会編『中国のムスリムを知るための60章』明石書店、二〇一二年、二七三―二七五頁
東長靖『イスラームとスーフィズム―神秘主義・聖者信仰・道徳』名古屋大学出版会、二〇一三年

中田考『イスラームの論理』筑摩選書、二〇一六年
中田考（監修）、中田香織（著）『やさしい神さまのお話』百万年書房、二〇二〇年
野上郁哉「私的音楽研究その参 カウワーリー（イスラーム神秘主義集団歌謡）とスーフィー詩について」「模索舎月報」二〇一一年五月号
松浦義夫「ガザーリー著『幸福の錬金術』解説および試訳」、「梅光女学院大学論集」三四号、二〇〇一年、一―一六頁
松山洋平（編訳）『イスラーム神学古典選集』作品社、二〇一九年
ラレ・バフティヤル（著）、竹下政孝（訳）『スーフィー―イスラムの神秘階梯』イメージの博物誌16、平凡社、一九八二年

●オンライン

AZAMAT. Nihat. “BEKKİNE. Abdülaziz.” <https://islamansiklopedisi.org.tr/bekkine-abdulaziz>
KARA, İsmail. “TOPÇU. Nurettin.” <https://islamansiklopedisi.org.tr/topcu-nurettin>
Ogunnaike, Oludaimini. “Sufism, Islamic Philosophy, and Education in West Africa”. 2020 <https://doi.org/10.1093/acrefore/9780190277734.013.592>
“Islam And Martial Arts: China’s Hui Muslim Tradition.” 2016. <https://www.bahath.co/islam-martial-arts/hui-muslim-tradition>

URLの最終閲覧日：二〇二三年六月三〇日

本書は、ウェブサイトの集英社新書プラス『スーフィズム入門』（二〇一九年一二月―二〇二二年二月）を元に、加筆・修正したものである。本書で引用されているアラビア語などの外国語の文献・資料は特記がない限り、著者が翻訳したものである。

山本直輝（やまもと　なおき）

一九八九年岡山県生まれ。専門はスーフィズム、トルコ地域研究。広島大学附属福山高等学校、同志社大学神学部卒業、京都大学大学院アジア・アフリカ地域研究研究科博士課程修了。博士（地域研究）。トルコのイブン・ハルドゥーン大学文明対話研究科助教を経て、国立マルマラ大学大学院トルコ学研究科アジア言語・文化専攻助教。主な訳書に『フトゥーワ――イスラームの騎士道精神』（作品社、二〇一七年）、『ナーブルスィー神秘哲学集成』（作品社、二〇一八年）等、トルコ語訳に世阿弥『風姿花伝』（Ithaki出版、二〇二三年）等がある。

スーフィズムとは何《なに》か　イスラーム神秘主義《しんぴしゅぎ》の修行道《しゅぎょうどう》

二〇二三年八月二二日　第一刷発行
集英社新書一一七七C

著者……山本直輝《やまもとなおき》
発行者……樋口尚也
発行所……株式会社集英社
東京都千代田区一ツ橋二-五-一〇　郵便番号一〇一-八〇五〇
電話　〇三-三二三〇-六三九一（編集部）
〇三-三二三〇-六〇八〇（読者係）
〇三-三二三〇-六三九三（販売部）書店専用

装幀……原　研哉　組版・デザイン……MOTHER
印刷所……凸版印刷株式会社
製本所……株式会社ブックアート
定価はカバーに表示してあります。

ISBN 978-4-08-721277-8 C0214
Printed in Japan

a pilot of wisdom

集英社新書　好評既刊

ハマのドン　横浜カジノ阻止をめぐる闘いの記録
松原文枝　1165-B
横浜市のカジノ誘致を阻止すべく人生最後の闘いに打って出た九一歳・藤木幸夫。市民との共闘のゆくえは。

サークル有害論　なぜ小集団は毒されるのか
荒木優太　1166-C
平等で開かれているはずの小規模な集いで発生してしまう毒とは？　集団性の解毒法を提示する。

ハリウッド映画の終焉
宇野維正　1167-F
二〇二〇年以降に公開された一六作品を通して、映画産業に起こっている変化を詳らかにする。

スタジオジブリ物語　〈ノンフィクション〉
鈴木敏夫　責任編集　1168-N
『風の谷のナウシカ』から最新作までの計二七作品で、スタジオジブリ四〇年の軌跡を余すことなく描く。

体質は3年で変わる
中尾光善　1169-I
エピジェネティクス研究の第一人者が、「体質3年説」の提唱と、健康と病気をコントロールする方法を解説。

なぜ豊岡は世界に注目されるのか
中貝宗治　1170-B
前市長が全国の自治体に応用可能な視点を示しながら人口が減少し産業も衰退しても地方が輝く秘策を綴る。

江戸の好奇心　花ひらく「科学」
池内　了　1171-D
和算、園芸、花火……。江戸の人々が没頭した「もう一つの科学」。近代科学とは一線を画す知の蓄積を辿る。

続・韓国カルチャー　描かれた「歴史」と社会の変化
伊東順子　1172-B
待望の第二弾。韓国の歴史に焦点を当てNetflix配信の人気ドラマや話題の映画から韓国社会の変化に迫る。

戦略で読む高校野球
ゴジキ　1173-H
二〇〇〇年以降、甲子園を制したチームを分析し、戦略のトレンドや選手育成の価値観の変遷を解き明かす。

トランスジェンダー入門
周司あきら／高井ゆと里　1174-B
「トランスジェンダー」の現状をデータで明らかにし、医療や法律などから全体像を解説する本邦初の入門書。